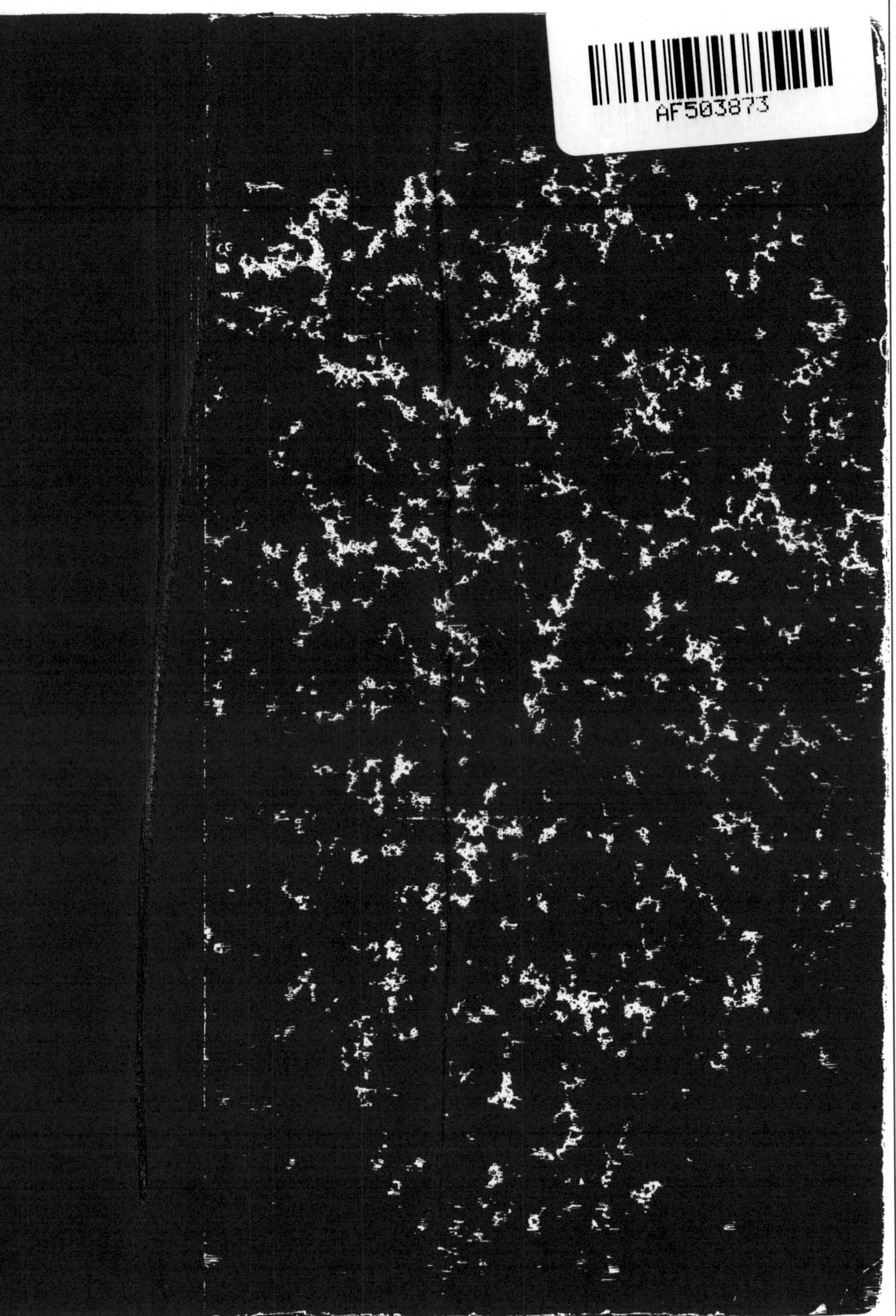
AF503873

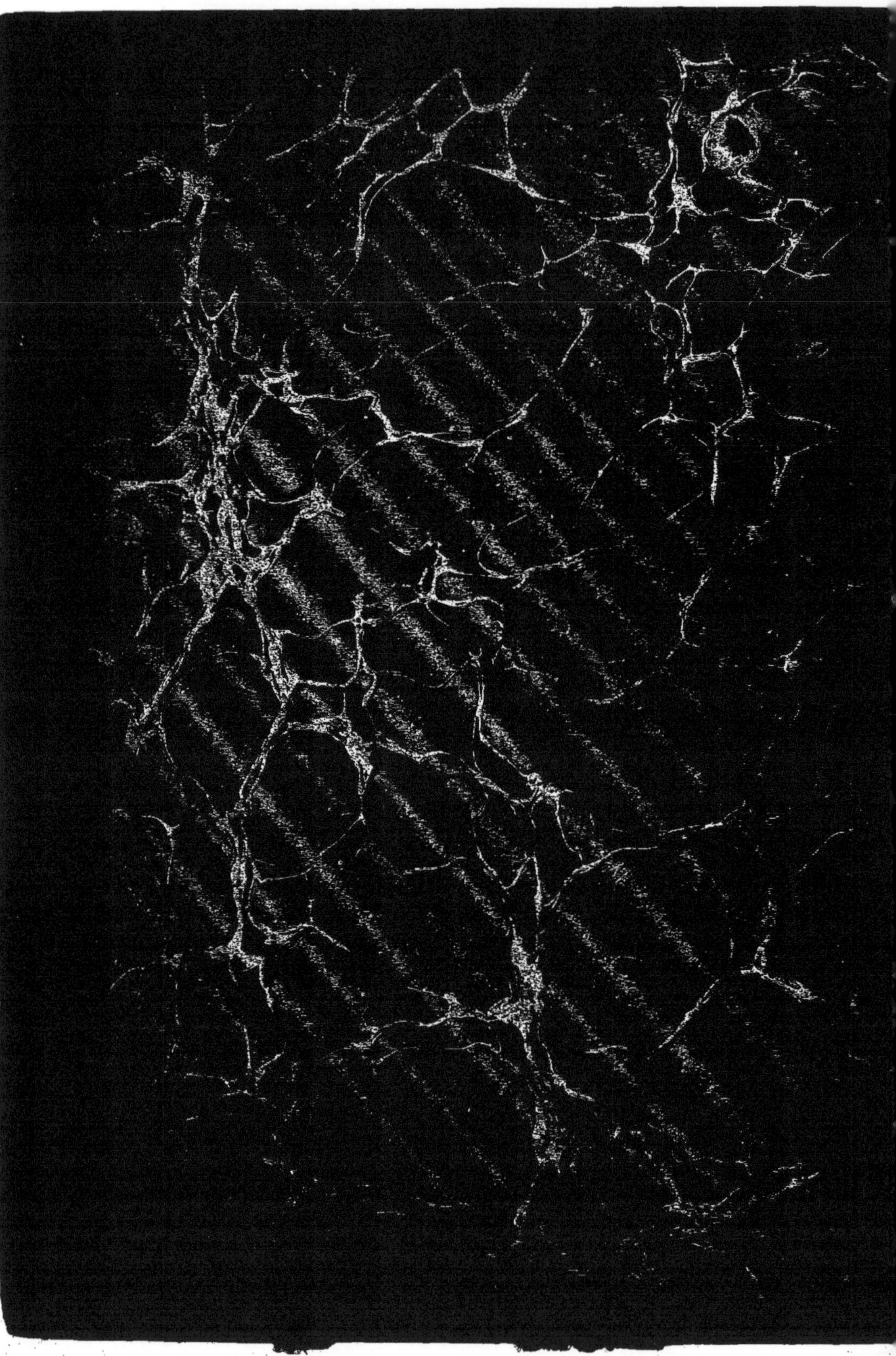

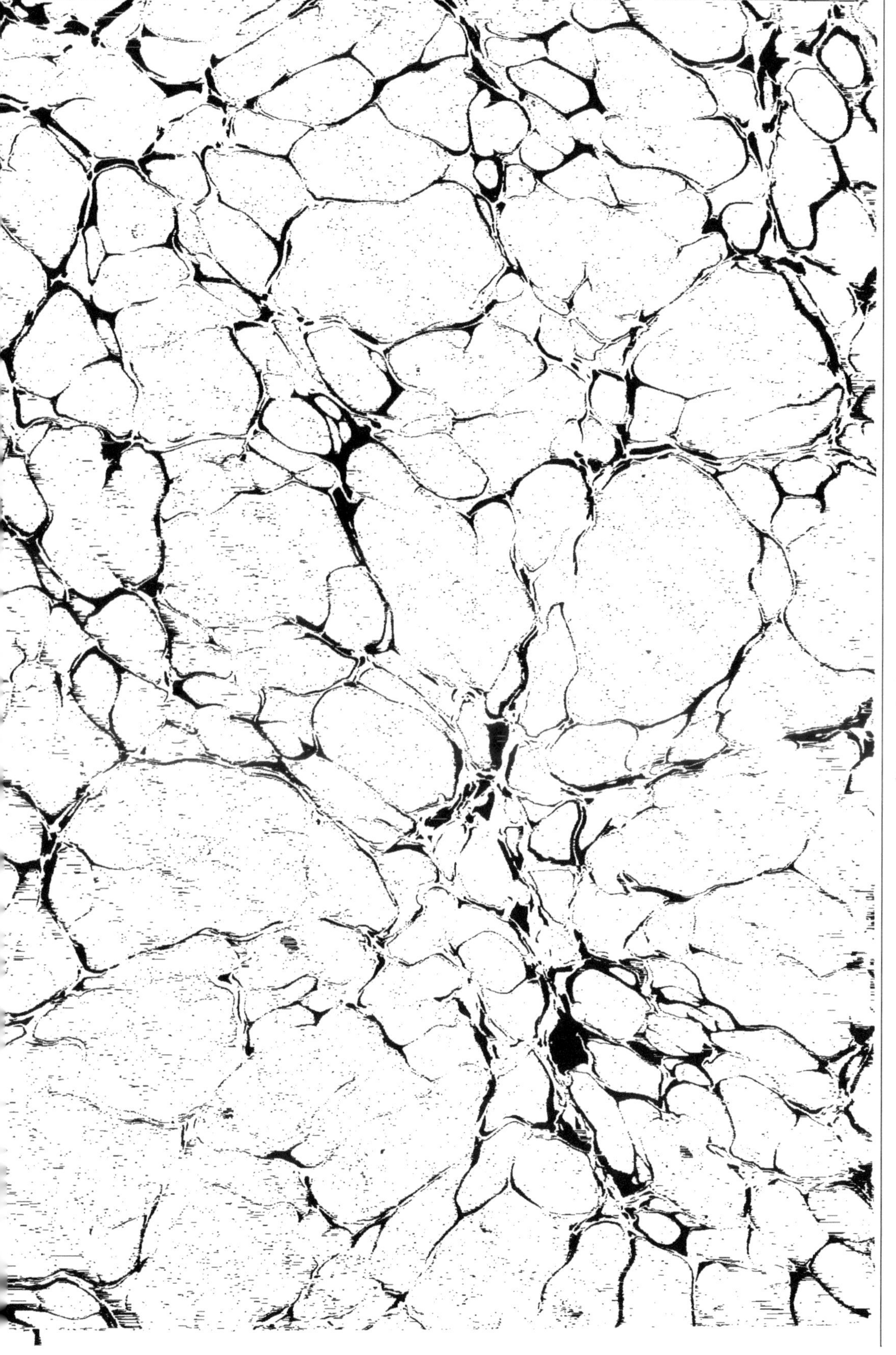

# LEÇONS

SUR

# L'HISTOIRE DE L'ART



PAR

LUCIEN MAGNE

*Inspecteur général des Monuments historiques*
*Professeur à l'École des Beaux-Arts et au Conservatoire des Arts et Métiers*

## L'ART DANS L'ANTIQUITÉ

PARIS
LIBRAIRIE CENTRALE DES BEAUX-ARTS
ÉMILE LÉVY, ÉDITEUR
*13, Rue Lafayette, 13*

LEÇONS

SUR

# L'HISTOIRE DE L'ART

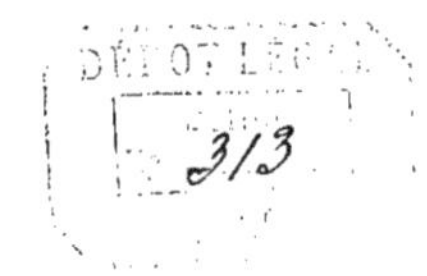


# LEÇONS

SUR

# L'HISTOIRE DE L'ART

PAR

LUCIEN MAGNE

*Inspecteur général des Monuments historiques*
*Professeur à l'École des Beaux-Arts et au Conservatoire des Arts et Métiers*

## L'ART DANS L'ANTIQUITÉ

PARIS
LIBRAIRIE CENTRALE DES BEAUX-ARTS
EMILE LÉVY, ÉDITEUR
*13, Rue Lafayette, 13*

# L'ART ÉGYPTIEN

## LES ORIGINES

La civilisation de l'Egypte peut être considérée comme la plus ancienne des civilisations antiques. Bien que les fouilles les plus récentes faites dans les vallées du Tigre et de l'Euphrate reculent chaque jour plus loin les origines de la civilisation chaldéene, il ne paraît pas qu'aux époques où l'on place les premières dynasties égyptiennes, la Chaldée ait possédé un art aussi parfait que celui qu'ont révélé en Egypte les fouilles dirigées depuis un siècle par des savants français.

Au temps de l'expédition de Bonaparte dans la vallée du Nil, on rapportait tout à l'art grec et à l'art romain, et les monuments étudiés alors furent les temples élevés sous les Ptolémées, et même ceux dont la décoration fut achevée au temps de Cléopâtre, dans l'île de Philæ.

Plus tard, après les découvertes de Champollion, lorsque la lecture des hiéroglyphes eut fourni les premiers éléments d'une chronologie, les recherches se portèrent principalement sur les grandioses monuments de Thèbes, qui semblaient caractériser l'apogée de l'art égyptien. Les tombes royales, explorées par Mariette, firent connaître par la splendeur de leur mobilier funéraire, la maîtrise des artistes et des artisans.

Puis les découvertes, dans la nécropole de Memphis, de tombes comprenant des salles aux parois revêtues de sculptures peintes, firent remonter plus haut l'époque la plus brillante de l'art en Egypte. On reconnut que, sous les premières dynasties, l'art était parvenu à une perfection qu'il n'atteignit pas plus tard, que la statuaire avait déjà su créer d'admirables figures animées par l'émail et la peinture, qu'outre la pierre et le granit, les métaux, l'ivoire, le bois, la céramique, avaient été mis en œuvre suivant les techniques les mieux appropriées, et que, dès ces temps lointains, l'Egypte offrait le modèle unique d'une civilisation complète dans laquelle ont largement puisé toutes les civilisations postérieures. Actuellement, on remonte plus haut encore, jusqu'aux dynasties d'Abydos, qui précédèrent celles de Memphis, et la stèle du « Roi Serpent » (fig. 1), acquise pour nos collections du Louvre, révèle, pour l'art d'une époque antérieure d'au moins cinq mille ans à l'ère chrétienne, une observation très sincère de la nature et une réelle habileté technique. Ces qualités sont aussi apparentes sur le faucon ou l'épervier surmontant la stèle que sur la porte figurant l'entrée du palais.

Fig. 1. — Stèle dite du Roi Serpent. (Louvre.) Dynastie thinite.

Telle fut la puissance de la civilisation égyptienne, qu'elle résista aux conquêtes des Arabes nomades, Pasteurs ou Hyksos, des Ethiopiens, des Assyriens, des Perses et des Macédoniens, et que, même sur son déclin, l'art de l'Egypte subit à peine l'influence de l'art grec, qui s'imposait alors au monde antique.

En Egypte et en Chaldée, la situation du pays, traversé par un grand fleuve, dont les alluvions contribuent à la fertilité du sol, et la douceur d'un climat particulièrement favorable au développement des premières sociétés humaines, peuvent expliquer la naissance et les progrès des deux civilisations vraiment créatrices qui se partagèrent l'ancien monde.

L'Egypte bénéficia de son isolement. Tandis que la Chaldée demeurait exposée à toutes les entreprises des peuples qui se disputèrent l'Asie, la vallée du Nil, large dans la Basse-Egypte, mais très resserrée dans la Haute-Egypte, entre les collines qui la séparent des déserts Libyque et Arabique, jouit pendant de longs siècles d'une existence paisible qui aida certainement au développement de l'art, et qui est attestée par les scènes représentées en bas-reliefs à l'intérieur des monuments funéraires. Ce sont des laboureurs qui travaillent la terre, des paysans qui font la moisson, des céramistes qui tournent des vases, des sculpteurs qui ébauchent une figure. Ce sont même des oies domestiques, interprétées en peinture sur la paroi d'une tombe de Meïdoum, qu'on attribue à la III$^e$ dynastie (fig. 2).

Cette civilisation primitive a si peu changé que le fellah moderne a tous les traits des Egyptiens représentés sur les bas-reliefs, et que les travaux agricoles sont encore réalisés par les méthodes rudimentaires que pratiquaient jadis les populations riveraines du Nil.

FIG. 2. — Troupeau d'oies : Fresque du « mastaba » de Nefermaït à Meïdoum. III$^e$ dynastie. (Musée du Caire.)

Les historiens de l'Egypte distinguent trois périodes correspondant à la prospérité des cités qui furent les capitales des différentes dynasties : c'est d'abord, durant la période archaïque, Thinis (Abydos), puis Memphis jusqu'à la X$^e$ dynastie; c'est ensuite, durant la période que divise en ancien et nouvel empire l'invasion des Pasteurs, et qui s'étend de la XI$^e$ à la XX$^e$ dynasties, Thèbes, toute puissante sous les Ramessides; c'est, plus tard, de la XXI$^e$ à la XXX$^e$ dynastie, Bubaste, Tanis et Saïs. L'invasion des Perses eut lieu pendant la période saïte. Après la conquête macédonienne, l'Egypte retrouva pour un temps son ancienne prospérité; mais l'art était déjà en décadence, et l'incorporation de l'Egypte à l'empire romain marque son déclin.

L'art égyptien a été, dans ses manifestations les plus importantes, au moins à son début, l'expression d'une société religieuse et patriarcale.

Le roi, fils du Soleil, est parmi les vivants le représentant de la divinité; il est honoré comme un Dieu, après sa mort. Le respect du peuple égyptien pour ses princes, et son obéissance passive, expliquent la réalisation d'entreprises colossales, auxquelles concouraient des milliers d'hommes réunis par la « corvée ».

Le roi concentrait en ses mains tous les pouvoirs. De lui relevaient les prêtres, qui disposaient d'importants domaines, les chefs militaires et les scribes ou fonctionnaires royaux.

Le peuple ne semble pas avoir été opprimé par l'autorité royale ; la religion égyptienne imposait comme un devoir, aux puissants, la protection des faibles. Les prêtres, les officiers royaux étaient sans doute de grands propriétaires terriens, faisant exploiter leurs terres moyennant redevances et subvenant en nature aux besoins des nombreux serviteurs qu'ils employaient. La division du pays en *nomes* ou provinces suggère l'idée d'une organisation féodale sous la suzeraineté du prince.

Les croyances religieuses durent, à leur origine, tendre à diviniser, avec les phénomènes naturels, les animaux redoutables ou utiles à l'homme, et la religion populaire conserva longtemps ses fétiches.

Mais ce qui domine toutes les croyances, c'est l'idée d'une seconde vie, nécessitant pour le défunt, sous une forme particulière, des moyens d'exis-

Fig. 3. — Bas-reliefs de la chapelle funéraire d'un « mastaba », à Saqqârah. Ve dynastie.

tence analogues à ceux de la vie terrestre. L'idée de l'âme se dégage peu à peu de cette conception primitive. L'homme revit en effet sous une double forme. Il se divise après la mort en deux parties ; l'une matérielle, représentant le corps, est le Kà, le double, enfermé dans le caveau ; l'autre, immatérielle, est l'âme qui parcourt les espaces célestes : c'est aussi le « lumineux », parcelle du feu divin.

Les descendants du défunt ont le devoir étroit d'assurer sa seconde vie, en subvenant à sa subsistance dans la demeure définitive qui remplace pour lui la maison terrestre. On comprend que ces croyances aient exercé une influence considérable sur l'art égyptien.

# L'ART EGYPTIEN SOUS LES DYNASTIES THINITES ET MEMPHITES

Les origines de la civilisation égyptienne sont si lointaines, qu'il est difficile d'établir si elle est née sur le sol même de l'Egypte, ou si elle y a été importée. Elle semble si voisine de la civilisation chaldéenne qu'on a pu attribuer des origines communes aux deux civilisations ; les caractères ethniques ne semblent pas, si l'on considère les sculptures les plus anciennes, préciser des distinctions de races entre les divers personnages représentés sur les chambres sépulcrales ou chapelles funéraires dépendant de ces tombeaux primitifs auxquels leur forme de cube maçonné a fait donner le nom de « Mastaba » et qui reproduisent sans doute les formes de la maison de terre (fig. 3).

Fig. 4. Groupe funéraire de deux époux. Style de la Ve dynastie. (Louvre.)

Le maître se distingue surtout par l'élégance des formes, et par le costume, des serviteurs qui sont représentés en bas-reliefs, occupés pour lui à divers travaux. Et il n'y a pas là impuissance du sculpteur à rendre le caractère d'une figure, car des statues et des bas-reliefs qui datent des premières dynasties memphites, atteignent à une vérité d'expression que la sculpture a très rarement atteinte (fig. 4).

D'ailleurs, la douceur des mœurs, attestée par les représentations figurées, fait songer à l'autorité reconnue d'un chef de famille, plutôt qu'à la domination oppressive d'un conquérant.

Parmi les statues les plus remarquables, il faut citer celles qui furent découvertes dans un tombeau de Meïdoum, et qu'on a cru pouvoir attribuer à un officier du dernier roi de la III<sup>e</sup> dynastie, Ra-Hotep, « Ra-Hotpou » et à sa femme, la princesse Nefert, « Nofrit » (fig. 5). Leur charme résulte d'une observation très sincère de la nature. Elle a été poussée si loin, que les yeux semblent animés. L'orbite de l'œil est évidée dans la pierre; la cornée, en émail blanc, est enchâssée dans une capsule de bronze qui sertit les paupières; elle est creusée pour recevoir un globe de cristal figurant le cristallin, et laissant passer les rayons lumineux qui se refléchissent; pour compléter l'illusion, un clou de métal, placé au fond de la cavité, simule l'éclair de la pupille.

Fig. 5. — La princesse Nefert, femme de Ra-Hotep, époque de Snofroui, III<sup>e</sup> dynastie. (Musée du Caire.)

C'est par des œuvres d'un caractère religieux que nous est connu l'art de l'ancien empire, et c'est par l'explication des rituels, recueillis sur les morts dans les tombeaux, que les égyptologues ont pu fournir l'explication des dispositions adoptées pour les chambres funéraires, et des bas-reliefs qui les décoraient. Sans doute, la différence des rangs s'accusait par l'importance des monuments qui devaient assurer la seconde vie, succédant à la vie terrestre; mais la pyramide accusant une tombe royale avait les mêmes divisions que la tombe privée, que le mastaba.

Il fallait d'abord conserver le corps du défunt, et les précautions prises pour l'embaumement montrent assez jusqu'où a été poussé en Egypte le respect des morts. Mais il fallait encore sauvegarder ce qui survivait avec la momie, « le double, l'âme, et le lumineux », et la naïveté des croyances attribuait au double les mêmes besoins qu'aux vivants.

Ainsi que l'a expliqué M. Maspéro, le tombeau était une maison dont une partie, réservée au double, comprenait le caveau de la momie, et les galeries attenantes, séjour éventuel de l'âme et du lumineux, au cours de leurs pérégrinations, et dans lequel nul vivant ne pouvait pénétrer sans sacrilège.

Cependant, il fallait alimenter ce double, et c'était le devoir des prêtres, des parents, qui lui portaient leurs offrandes. Ceux-ci se réunissaient dans une salle extérieure qui, par des couloirs très étroits, auxquels les arabes ont donné le nom de « serdabs », pouvait être en communication avec la chambre sépulcrale. Mais, avec le temps, ces devoirs incombant aux descendants risquaient d'être négligés; de là l'idée de représenter pour toujours dans la chapelle funéraire dépendant de la maison définitive, et en une matière impérissable telle que la pierre, le grès ou le granit, ces offrandes dont l'oubli eût pu entraîner l'anéantissement du mort. De là aussi l'idée de multiplier les statuettes à l'image du défunt dans lesquelles le « double » prenait corps, d'employer à

Fig. 6. — Sphinx et pyramide de Khéops « Khoufoui », à Gizeh.

cet effet les matériaux lapidaires ou la terre émaillée. Ces effigies étaient dissimulées dans les maçonneries du caveau, ou dans les galeries souterraines.

C'est ainsi que l'art, mis au service des croyances, a enrichi de statues et de bas-reliefs les chapelles des mastabas, nous faisant connaître en même temps sous ses divers aspects la vie des Egyptiens, nous renseignant sur les méthodes de travail du bois, de la terre cuite et des métaux, nous donnant même des indications sur l'enseignement du dessin, sur la technique des bas-reliefs et sur l'emploi de la couleur appliquée à la sculpture. Le merveilleux climat de l'Egypte a tout conservé, même les meubles dépendant du mobilier funéraire des tombeaux.

Ce qui distingue les tombes royales des sépultures particulières, c'est l'isolement de la salle accessible aux vivants et où s'accomplissaient les rites d'offrandes. Chez tous les peuples se retrouve l'idée d'accuser par un tertre le tombeau d'un chef. En Egypte, c'est une pyramide de pierre de hauteur colossale qui protège le caveau royal, et mille précautions, prises dans la construction, devaient le garantir contre tout risque de violation (fig. 6).

FIG. 7. — Bas-relief au nom de Mykerinos (Menkaouri). IVe dynastie. (Louvre.)

Le temple funéraire n'était pas annexé à la pyramide. Celui qui a été découvert à Gizeh, près du Sphinx, et que, pour ce motif, on a appelé le temple du Sphinx, est un premier exemple de grande salle construite en pierre, avec une double file de piliers de granit, portant des plafonds lapidaires; mais ni les murs ni les piliers n'avaient reçu aucune décoration, soit que le monument fût resté inachevé, soit qu'à l'époque de sa construction, l'idée de donner une forme définitive aux offrandes funéraires ne fût pas encore née. La décoration des murs par les bas-reliefs et la peinture était cependant pratiquée sous les premières dynasties. Le prince ne se distingue que par les attributs et emblêmes des officiers royaux. Le bas-relief de Mykerinos, « Menkaouri », conservé au Louvre, caractérise la délicatesse et le réalisme des sculptures de la période archaïque (fig. 7).

Les tombes royales des dynasties memphites sont réparties de Gizeh au Fayoum, sur les confins du désert de Libye. Le groupe de Gizeh doit sa célébrité aux grandes pyramides de Kheops, « Khoufoui », de Khephren, « Khafri », et de Mykerinos.

Le voisinage des carrières de Tourah et de Mokattam facilitait la construction de ces édifices colossaux qu'on exécutait par gradins, et qu'on revêtait ensuite de matériaux durs, taillés avec la dernière perfection. Une partie du revêtement en granit rose existe encore au sommet de la pyramide de Mykerinos. La pyramide de Kheops avait 145 mètres de hauteur sur une base de 233.

Ces pyramides de Gizeh étaient des tombes royales de la IVe dynastie. Les Pharaons de la Ve étaient ensevelis sous les pyramides d'Abousir, et celles de Saqqarah abritaient les rois de la VIe.

Ainsi que l'a établi M. Maspero, ces pyramides de Saqqarah sont contemporaines des mastabas à chambres décorées de sculptures, de

FIG. 8. — Musiciens et danseuses. Bas-relief d'un « mastaba » de Saqqarah. VIe dynastie. (Musée du Caire.)

peintures et d'inscriptions. Ces inscriptions s'appliquent principalement aux rites funéraires à observer, soit pour la subsistance du « double », soit pour la préservation de l'âme contre les dangers qui la menaçaient durant son voyage souterrain. L'usage des pyramides colossales pour les tombes royales cesse avec la XIIe dynastie.

On sait l'importance qu'ont les matériaux du sol pour le développement de l'art dans chaque civilisation. Les calcaires de la Basse-Egypte fournissaient d'excellents matériaux pour la construction des énormes nécropoles que dominaient les pyramides. Le Nil facilitait le transport des pierres.

Quant au granit et au basalte, on les réservait, semble-t-il, aux parties du monument qui devaient offrir la plus grande résistance, par exemple à la chambre funéraire et au sarcophage abritant la momie, à ces grandes dalles qu'on abaissait comme des herses pour intercepter la communication dans les galeries après l'ensevelissement. Ces matériaux, comme l'albâtre employé aux revêtements, étaient tirés des carrières de la Haute-Egypte. Mais ces carrières étaient au bord du fleuve, ce qui facilitait le transport sur barques ou sur radeaux de matériaux de grandes dimensions.

Le lit du fleuve traverse au Gebel-Silsileh d'admirables carrières de grès

Fig. 9. — Scribe accroupi en calcaire peint. Ve dynastie. (Louvre.)

d'où furent tirés les monolithes employés par les rois thébains à la construction des salles hypostyles de Karnak. Les carrières de granit sont situées plus haut, près d'Assouan, là où le lit du fleuve se resserre et où le Nil franchit la roche par des rapides.

L'art de l'époque memphite est un art vraiment créateur. Il crée pour ainsi dire de toutes pièces le système de construction le mieux approprié à l'emploi des matériaux lapidaires de grandes dimensions. Le temple du sphinx est à cet égard un type de construction bien raisonnée : ses piliers isolés ont l'écartement qui convient pour soutenir, sur des architraves allant d'un pilier à l'autre, la couverture en dalles jointives qui forme le plafond et qui pouvait fournir à la sculpture et à la peinture les emplacements les plus favorables.

Un tel système ne nécessitait pas l'emploi de la voûte, que l'on ne rencontre guère avant l'époque thébaine. Encore, soit à Deir-el-Bahari, soit dans les sanctuaires parallèles d'Abydos, la voûte est-elle construite par encorbellements; les grandes pierres qui la composent ont leurs lits horizontaux, et l'intrados seul est taillé circulairement.

Fig. 10. — Portrait du fonctionnaire Kaï. Ve dynastie. (Louvre.)

Mais les Egyptiens disposaient d'une autre matière, le limon du Nil, qui, bien malaxé et mélangé de paille hachée, pouvait être débité en briques séchées au soleil, et fournir, pour les habitations privées, les éléments de la construction des murs.

Ainsi sont encore construites les habitations des fellahs. Des couches minces de terre argileuse, étendues sur chaque lit de briques sèches, formaient liaison. Sur ces murs reposait un plafond formé de branches jointives ou de troncs de palmiers qu'on recouvrait de terre battue; mais souvent aussi on employait la voûte formée de briques séchées, qu'on posait par encorbellement ou par tranches inclinées, pour couvrir l'espace entre les murs.

Les matériaux lapidaires n'étaient employés dans l'habitation que pour les portes évidées dans un pylone, pour les portiques, les corniches, et encore n'étaient-ils en usage que pour les habitations luxueuses.

Sous les dynasties memphites il semble que la pierre ait été réservée aux demeures définitives et, si l'on veut avoir une idée du mode de construction des habitations, c'est sur les chambres funéraires qu'il convient de l'étudier.

Le sarcophage de Mykerinos qui disparut dans un naufrage, lors de son transport en Angleterre, mais dont le dessin a été conservé, avait l'aspect d'une construction de terre et de bois. Les portes figurées sur les murs des chapelles funéraires des mastabas reproduisent aussi une sorte de façade en pans de bois, où l'on distingue des poteaux, des traverses, et même des panneaux de remplissage, décorés par la sculpture (fig. 3).

Le bois, moins rare dans le Delta que dans la Haute-Egypte, fut sans doute plus employé pour les habitations sous les dynasties memphites que sous les dynasties thébaines.

Fig. 11. — Statue de bois du surintendant Ramké (Sheik-el-Beled). IVe dynastie. (Musée du Caire.)

La perfection de l'art durant la période archaïque est surtout attestée par la sculpture. Jamais l'artiste n'a étudié la nature avec plus de conscience, et n'a su en donner une expression plus fidèle.

Taillé dans le roc, le Sphinx de Gizeh (fig. 6), à corps de lion et à tête humaine, conserve, malgré les injures du temps, une telle intensité de vie, un tel caractère de puissance, qu'il faut bien le considérer, malgré sa date très ancienne, comme l'œuvre d'un art déjà maître de tous ses moyens.

L'étude des bas-reliefs, pour lesquels l'artiste a su imaginer une réduction proportionnelle des saillies dans les limites du contour, ne donne pas une preuve moins convaincante des ressources dont disposait alors la sculpture. Les scènes représentées témoignent d'une justesse dans l'observation des gestes et d'une liberté dans l'expression qui ne concordent guère avec l'idée fausse d'un art immobilisé dans des conventions. Il suffit de regarder les parois du mastaba recueilli au Louvre : marins suspendus aux cordages, serviteurs portant des provisions, ânes à l'abreuvoir, oiseaux pris au piège, tout est rendu à merveille. Voyez encore, sur des bas-reliefs de la VIe dynastie, au musée du Caire, des musiciens et des danseuses égayant le repas d'un défunt (fig. 8). N'est-ce pas une scène charmante de grâce et de naïveté ?

Le sculpteur sait donner un caractère absolu de vérité aux scènes familières qu'il retrace sur les parois des chapelles funéraires. Il a le souci de conserver à ses figures l'expression de la vie, et dans ce but il colore par la peinture le visage et le costume, ou il fait choix de matériaux colorés. C'est ainsi que les yeux des statues sont enchâssés dans une monture de bronze.

FIG. 12. — Chapiteau lotiforme en calcaire découvert dans le tombeau de Ptah-Shepses, à Abousir. V[e] dynastie. (Musée du Caire.)

L'artiste doit d'ailleurs donner à chaque personnage l'attitude et l'expression qui lui conviennent. Le scribe accroupi du Louvre (fig. 9) est saisi sur le vif, comme aussi le fonctionnaire assis qui semble suivre les spectateurs du regard (fig. 10).

La sculpture sur bois accuse la même recherche du caractère. Une statue, celle du surintendant des travaux Ramké (fig. 11), que les fellahs baptisèrent « Sheik-el-Beled » au moment de la découverte, parce qu'il ressemblait au maire de Saqqarah, caractérise bien le personnage de classe moyenne dont le sculpteur avait reproduit les traits.

Le décor de l'architecture n'est pas moins caractéristique. L'artiste l'emprunte à la flore du Nil. Il a eu souvent l'occasion d'admirer les bouquets de lotus formant un faisceau de tiges droites réunies par une ligature sous les boutons entr'ouverts. C'est ainsi qu'il en fait l'application à la colonne découverte dans le tombeau de Ptah-Shepses à Abousir (fig. 12), ouvrage de la Ve dynastie, et l'observation de l'artiste est si attentive, qu'il nous montre sous la ligature les tigettes de petits boutons remplissant les vides entre les grandes tiges, qu'il sait rendre avec une extrême délicatesse les superpositions ou les adhérences des cépales et des pétales de la fleur.

Plus tard le sculpteur thébain ne conservera de ce chapiteau que le schéma à peine compréhensible; mais, grâce à l'étude de M. Foucart sur l'ordre « lotiforme », nous pouvons remonter au chapiteau originel.

Une étude insuffisante des monuments de l'art égyptien a laissé croire à l'existence d'un type conventionnel de personnages représentés debout ou assis, dans une attitude raide, ayant les bras appuyés au corps, et les jambes à peine séparées. Il ne faut voir là que le geste caractéristique et traditionnel des statues représentant le pharaon investi du pouvoir suprême et divinisé.

Le scribe accroupi du Louvre prouve suffisamment que lorsqu'il y avait à représenter des personnages de moindre envergure, et qu'il n'avait pas le souci d'obéir à une tradition, l'artiste savait s'affranchir des conventions, et rendre avec sincérité ce qu'il avait sous les yeux.

## L'ART SOUS LES DYNASTIES THÉBAINES

Sous l'empire thébain comme sous l'empire memphite, c'est l'architecture religieuse qui caractérise le mieux l'art égyptien. Les fouilles n'ont pas encore mis à découvert de grands temples antérieurs à la XIe dynastie, c'est-à-dire à l'époque où l'empire égyptien menacé dans le Delta par le développement des empires asiatiques recula sa capitale jusqu'à Thèbes dans la Haute-Egypte.

Les temples des rois thébains sont demeurés presque intacts, et leur étude a été poussée assez loin pour qu'on ait pu de nos jours en reconnaître les dispositions essentielles.

Le sanctuaire était une salle presque obscure, où n'avaient accès que le roi ou les prêtres. Une sorte de tabernacle, evidé dans un monolithe de granit, ou une niche creusée dans la muraille, ou encore une barque posée sur un piédestal, recevaient, à certains jours, l'effigie ou le symbole de la divinité. Autour de ce sanctuaire étaient groupées des chambres où les prêtres emmagasinaient le matériel du culte.

En avant ou à côté de ce noyau de constructions, on édifiait des salles pouvant recevoir les prêtres et les hauts dignitaires, aux époques de fêtes solennelles.

Ces grandes salles, couvertes par des plafonds de pierre, que soutenaient des colonnes ou des piliers, étaient précédées de cours, entourées de portiques où le peuple avait accès. L'ensemble de ces constructions formait généralement un rectangle clos par des murs, dans lesquels étaient percées plusieurs portes. La porte principale donnant accès dans la première cour était flanquée de deux tours rectangulaires, de pylones, donnant à cette entrée monumentale un caractère de grandeur qu'accentuaient encore les statues et les obélisques érigés en avant de ces tours, tels qu'on les voit encore à l'entrée du temple de Louqsor (fig. 13). Les obélisques continuaient la tradition des pierres levées. C'étaient les jalons monumentaux indiquant au loin l'entrée du temple et couverts d'inscriptions en l'honneur du roi fondateur. Une large avenue,

FIG. 13. - Pylones, colosses et obélisque à l'entrée du Temple de Louqsor. (Thèbes.)

que décoraient des sphinx, précédait la porte principale : c'était le chemin où devaient évoluer les processions. Le plus souvent une enceinte de briques englobait tout le terrain consacré.

Si ces dispositions essentielles n'apparaissent pas à première vue dans tous les temples, cela résulte de ce que chaque prince tenait à honneur d'ajouter au temple édifié par des prédécesseurs quelques salles grandioses, dont la décoration rappelait le succès d'une expédition entreprise sous son règne, et due à la faveur du Dieu, ou quelque autre fait mémorable. C'est ainsi qu'à Karnak le grand temple, étudié une première fois par Mariette et relevé par l'architecte Brune, offre à premier examen un aspect confus, dû à la juxtaposition des constructions échelonnées de règne en règne.

On attribue à Ousirtasen I$^{er}$ la fondation du premier temple, construit en calcaire et en grès, et dont subsiste encore une salle à piliers. Les pharaons des XIII$^{e}$ et XIV$^{e}$ dynasties y consacrèrent suivant M. Maspero des statues

Fig. 15. — Allées latérales et claustra de l'allée centrale à la salle hypostyle de Karnak. (Thèbes.)

et des tables d'offrandes. Au XVIII$^{e}$ siècle avant notre ère Thoutmès « Thoutmosis » I$^{er}$ fit au temple primitif une addition considérable, édifiant des chambres nouvelles précédées d'une cour et trois pylones. Sous Thoutmès II et sous la régente Hatasou « Hatshopsouitou », les murs du temple agrandi furent décorés de bas-reliefs, et quelques-unes des colonnes de la première cour furent abattues pour faire place à deux magnifiques obélisques. Thoutmès III fit un nouveau sanctuaire en granit. On lui attribue la reconstruction de salles dont la plus importante, désignée sous le nom de « promenoir », retient l'attention par la forme de ses colonnes à 16 pans, ayant l'aspect de colonnes doriques et surmontées d'un épais tailloir. M. Maspero croit que cette salle devait être une sorte de reposoir pour les processions qui circu-

Fig. 14. — Allée centrale de la salle hypostyle du temple de Karnak. Thèbes.

laient dans l'enceinte. Cette enceinte date aussi du règne de Thoutmès III qui aurait creusé le lac des barques sacrées, et aurait encore, suivant une direction presque perpendiculaire au grand axe du temple, établi deux nouveaux pylones.

Cet élargissement fut suivi d'un autre sous Amenophis « Amanhatpou, Amenothès » III qui éleva dans la première direction, un nouveau mur de façade percé d'une porte monumentale. Plus tard, sous les pharaons de la

Fig. 16. — Sanctuaire voûté en encorbellement au temple de Seti (Setoui) I^er à Abydos.

XIX^e dynastie, sous les Ramessides, fut entreprise la construction d'une salle hypostyle colossale, couvrant une superficie de 5.000 mètres, et coupée par une allée centrale, dont le plafond, surélevé à 23 mètres au-dessus du sol, reposait sur des colonnes à chapiteau campaniforme tandis que les plafonds du bas-côté s'appuyaient sur 122 colonnes à chapiteau lotiforme (fig. 14).

Des « claustra », formés de dalles évidées au-dessus des terrasses des bas-côtés, laissaient filtrer la lumière à l'intérieur de l'allée centrale (fig. 15).

C'est principalement à Seti « Setoui » I^er et à Ramsès II que revient la gloire d'avoir édifié cette magnifique salle.

La cour à portiques ne fut entreprise que plus tard sous les Bubastites.

Le roi éthiopien Taharqou établit au milieu de cette cour une avenue d'énormes colonnes dont l'écartement est tel qu'il eût été à peu près impossible de les couvrir par un plafond lapidaire. On travaillait encore à Karnak sous les Ptolémées, mais les tremblements de terre de l'an 27 arrêtèrent les travaux qui ne furent plus repris.

Dans l'intervalle des grandes entreprises chaque prince tenait à figurer, au moins par des inscriptions sur les colonnes du temple, dont la décoration resta souvent inachevée.

Le désordre apparent des constructions était la conséquence obligatoire d'un défaut de plan d'ensemble: le terrain ne se prêtait pas toujours aux agrandissements projetés. Ainsi à Louqsor, lorsque le temple d'Amenophis III, agrandi sous Seti I^er^, fut encore augmenté de constructions nouvelles sous Ramsès II, on dut, à cause des sinuosités du fleuve, dévier l'axe principal du temple et construire sur une direction biaise la cour entourée de portiques, et le grand pylône que précédaient les obélisques et les colosses.

A Abydos, la proximité des collines modifia la disposition généralement adoptée. Les salles hypostyles du temple de Séti I^er^ étaient bien précédées de pylones et de cours ; mais ces salles très réduites en profondeur n'avaient point d'allée centrale, elles étaient percées de sept portes, correspondant à sept chambres parallèles, comprenant le sanctuaire et ouvertes sur la seconde salle: ces chambres étaient voûtées en encorbellements (fig. 16).

Derrière ces chambres, et creusée dans la colline, était une salle hypostyle, se développant en largeur, et c'est sur la gauche qu'étaient disposées les chambres à colonnes et autres dépendances qui ne trouvaient point leur place en arrière du sanctuaire.

L'étranglement de la vallée du Nil, au Gebel-Silsileh et en Nubie, suggéra aux architectes l'idée de l'établissement du temple en souterrain, l'entrée seule en étant accusée par une façade, prise souvent dans les flancs mêmes de la colline. S'il s'agissait d'une simple chapelle comme celle d'Harmhabi au Gebel-Silsileh, une galerie parallèle au fleuve était évidée dans le grès : on conservait dans la masse les piles de soutien nécessaires, et sous la galerie s'ouvrait directement le petit sanctuaire.

Si le terrain s'y prêtait comme à Gerf-Hossein, le pylone, la cour et la salle hypostyle étaient à découvert ; le sanctuaire seul était souterrain. La même disposition fut adoptée à Ouady-ès-Seboua pour le temple élevé par Ramsès II. Mais à Ibsamboul « Isamboul », l'étranglement de la vallée était tel que les temples durent être entièrement creusés dans la colline de grès. Les colosses et le pylone auquel ils sont adossés ont été taillés dans la masse formant pour le grand temple une façade monumentale dont l'aspect est saisissant (fig. 17). La salle intérieure, dans laquelle la porte donne accès, est soutenue par d'énormes colosses à figures d'Osiris soutenant le plafond. Au delà est une seconde salle hypostyle sur laquelle s'ouvre le sanctuaire compris entre deux chambres.

Le petit temple consacré à la déesse Hathor n'a qu'une seule salle à piliers hathoriques, couronnés par la tête de la déesse à oreilles de génisse. Sur sa façade sont quatre colosses de Ramsès et deux de sa femme Nofritari.

Le type de ces monuments religieux, si l'on élimine les constructions accessoires élevées de règne en règne, paraît être le temple édifié au sud de

FIG. 17. — Colosses de Ramsès II à l'entrée du grand temple souterrain d'Ibsamboul.

Karnak en l'honneur du dieu Khons « Khonsou », par les rois de la XXe dynastie.

S'il est inférieur pour les détails de sa décoration aux grands temples de Thèbes, il caractérise nettement depuis l'entrée jusqu'aux chambres entourant le sanctuaire, ces divisions qui dans le temple égyptien semblent par transitions conduire les mortels de l'avenue de Sphinx et de la cour inondées de lumière dans des salles hypostyles où le jour ne pénètre que par des fentes du plafond ou par les étroites ouvertures des dalles éclairant l'allée centrale, et de là dans des salles obscures qui forment pour la divinité une habitation mystérieuse.

Ces gradations sont ménagées dans tous les temples, aussi bien dans les

Fig. 18. — Bas-relief dans le temple de Seti Ier à Abydos, Seti enfant sur les genoux de la déesse Hathor.

monuments religieux auxquels ont travaillé différentes dynasties que dans les temples funéraires qui, à Thèbes, ont été édifiés sur la rive gauche du Nil, à proximité des collines et du vallon où se cachaient les tombes royales.

En effet, sous les dynasties thébaines, la chapelle funéraire s'était développée au point qu'il soit difficile de distinguer du temple consacré à un dieu, celui qui est élevé en l'honneur d'un pharaon divinisé. La croyance aux épreuves de l'âme avait aidé au développement de la sculpture et de la peinture, non seulement sur les parois et les colonnes des temples, mais encore sur les galeries souterraines et les chambres qui aboutissaient au caveau. Seti Ier est représenté tantôt assis sur les genoux de la déesse Hathor (fig. 18), tantôt naviguant sur la barque solaire, tandis que la momie et les statues supports du double sont figurées avec les prêtres qui subviennent à leurs besoins. Sur les plafonds sont représentées les constellations correspon-

FIG. 19. — Vue d'ensemble des ruines du Ramesseion et des collines de l'Assassif. Thèbes.

dant aux voyages de l'âme, et lui servant de guides pour ses pérégrinations célestes ou souterraines.

Les tombes royales de l'époque thébaine étaient d'abord creusées dans la colline du côté de la plaine. Lorsque la place fit défaut, peut-être au temps d'Harmhabi ou de Ramsès Ier, on pénétra par une tranchée dans le vallon situé en arrière de la colline, et auquel les tombes de Ramessides ont fait donner le nom de Vallée des Rois.

Mais c'est dans la plaine du Nil et de l'autre côté de la colline que s'élevaient les temples funéraires, monuments de la magnificence royale, celui de Gournah consacré à Ramsès Ier et à Seti Ier, fondateurs de la XIXe dynastie, le Ramesseion élevé en mémoire de Ramsès II vainqueur des Khetas sur l'Oronte, le temple de Medinet-Habou édifié en l'honneur de Ramsès III qui sauva l'Egypte menacée par les peuples de la mer, les ancêtres des Grecs. En général le prince défunt est figuré adorant Ammon-Ra entre Mauth et Khons complétant la triade des dieux thébains.

Le cirque de l'Assassif, sur lequel s'élève un autre temple funéraire, celui de Deir-el-Bahari, dû à la régente Hatasou, sépare les temples funéraires du vallon où sont dissimulées les tombes royales.

Le Ramesseion est peut-être le plus remarquable des monuments thébains (fig. 19). Au fond de la première cour faisant suite aux pylones d'entrée, était une statue colossale de Ramsès dont les débris gisent sur le sol. Elle précédait des piliers décorés de statues en haut-relief d'Osiris : ils soutenaient le plafond de la galerie adossée au mur qui séparait la première cour de la seconde. Celle-ci donnait accès à une salle hypostyle, dont les plafonds en partie conservés montrent encore les vautours aux ailes éployées peints sur les dalles, au milieu d'étoiles. Ce sont les symboles des déesses du Midi et du Nord, semblant indiquer la route qui conduit au sanctuaire.

La sculpture qui se développe sur les parois et sur les supports des temples transforme ses procédés durant la période thébaine. Sous l'empire memphite le bas-relief était généralement saillant comme les inscriptions qui l'accompagnaient. Pour éviter sans doute le défoncement de la pierre, du grès, ou du granit, le sculpteur exécute désormais dans une entaille, qui suit le contour extérieur, le bas-relief dont toutes les saillies affleurent la surface du mur. A ce genre de bas-reliefs correspond la gravure des hiéroglyphes. Les sujets que le sculpteur doit traiter et enrichit d'enluminures, mettent en scène le roi, médiateur entre son peuple et la divinité, et accomplissant les rites religieux. La reine l'assiste, tenant pour l'offrande des fleurs ou un vase de libations, ou agitant un sistre pour mettre en fuite les mauvais génies. Si parfois le roi est assisté d'un prêtre dans les scènes d'offrande ou de sacrifice, les autres humains sont de si minime importance, qu'ils ne figurent sur les bas-reliefs représentant des cérémonies religieuses que comme porteurs de la barque ou du palanquin.

Le roi étant fils de Dieu, le sculpteur ne risquait point de se tromper en faisant le dieu à l'image du roi. Aussi ces figures divines ont-elles en général les caractères de portraits.

Quant aux objets figurés dans les scènes d'offrandes, tissus, bijoux, meubles, ils sont encore traités à l'époque thébaine avec un souci de vérité qui semble avoir caractérisé pendant plusieurs milliers d'années l'art égygtien.

Ces qualités sont d'autant plus développées durant la période thébaine que la richesse du pays s'est accrue, et que le mobilier funéraire s'est considérablement augmenté.

Non seulement ce mobilier est représenté sur les bas-reliefs des temples, et des galeries souterraines conduisant au caveau, mais on a placé dans la chambre funéraire les objets eux-mêmes en bois, en métal ou en terre cuite. On y trouve des fauteuils ou des tabourets incrustés d'ivoire ou de bois précieux, des bijoux à haute cloisons d'or enchâssant des cornalines ou des pâtes de verre.

FIG. 20. Bas-relief en calcaire peint de Seti Ier et de la déesse Hathor. (Louvre.)

A l'époque memphite le sarcophage ne contenait guère que des vases et des provisions. C'est dans les galeries « serdabs » qu'étaient enfermées les effigies du « double ». Dans les tombes thébaines, ces petites statuettes de bois, ou de terre cuite glacée d'émail, aux belles colorations bleues ou vertes, sont enfouies avec les meubles dans le caveau.

Les viscères qu'on retirait du corps au moment de l'embaumement sont déposés dans des vases ou « Canopes » à tête d'épervier ou à tête humaine, et la momie est enveloppée dans des cartonnages chargés d'inscriptions et entourés d'amulettes.

Le plus souvent le cercueil qui renferme la momie est en bois décoré par la peinture

Le bas-relief peint, représentant Seti Ier et la déesse Hathor (fig. 20), que conserve le musée du Louvre, témoigne suffisamment de l'habileté des sculpteurs de l'époque thébaine et de la précision qu'ils apportaient à reproduire non seulement le dessin des étoffes et la forme des bijoux mais jusqu'à la transparence de ces étoffes légères qui épousaient les formes du corps au point que les contours sont toujours visibles sous le tissu qui les enveloppe.

Certaines tombes privées ne le cèdent pas pour le luxe aux tombes royales; sous l'empire thébain la disposition de ces tombes s'est modifiée. Dans la nécropole d'Abydos, où sont les plus anciennes, la chambre funéraire en raison de la nature du sol est peu enterrée et c'est une pyramide reposant sur un soubassement qui l'enveloppe et la protège. Parfois la chapelle funéraire est accolée à cette pyramide.

Fig. 21. — Colonnes à l'entrée d'un hypogée de Beni-Hassan. XII° dynastie.

Mais dès la fin de la période memphite, pour mieux protéger les tombes, on les creusait tout entières sous le sol. M. Maspero signale comme les plus belles celles des familles féodales qui se partageaient l'Egypte, celles des princes de Minieh à Beni-Hassan, celles des princes de Siout et d'Elephantine, à Siout et en face d'Assouan, les unes disséminées comme à Thèbes, les autres, comme à Beni-Hassan, groupées sur les pentes de la colline. Celles de Beni-Hassan sont précédées d'un portique aux piliers évidés dans la masse. Ce sont des colonnes polygonales analogues à celles du « promenoir » de Thoutmès III et ayant, comme elles, l'aspect de colonnes doriques (fig. 21). On évidait de même les piles ou colonnes soutenant le plafond de la salle qui faisait suite au portique et qui ne recevait de jour que par la porte. Les galeries qui eussent nécessité un travail considérable dans la roche furent remplacées par des niches évidées dans la muraille où se plaçaient souvent les statues du défunt et de son épouse. La niche, comme autrefois la stèle du mastaba, était le centre de toute la décoration de l'hypogée; mais, par suite d'une modification dans les croyances, ou tout au moins dans les rites, les bas-reliefs qui dans les tombes memphites avaient trait aux travaux exécutés pour le défunt, et à la récolte des provisions qui lui étaient destinées, sont complétés par le cortège funéraire.

Les sujets des bas-reliefs indiquent aussi des modifications profondes dans les usages. Les chevaux qui ne sont pas représentés sur les parois des murs des tombes memphites et qui étaient sans doute peu employés alors, sont sculptés sur les murs des tombeaux et des temples contemporains des Ramsès. Leur emploi avait sans doute été motivé par les grandes guerres qu'eurent à soutenir les Pharaons thébains. Mais il semble que le sculpteur,

FIG. 22. — Pavillon royal de Ramsès III à Medinet-Habou.

mal familiarisé avec l'animal, lui ait donné des contours et des modelés indécis. Il n'était point aidé par la tradition, et c'est peut-être là une cause de sa faiblesse. D'ailleurs, lorsqu'une morale religieuse plus élevée donna conscience aux Egyptiens de récompenses ou de châtiments réservés aux défunts dans la seconde vie, suivant leurs bonnes ou mauvaises actions, les sujets des bas-reliefs furent empruntés aux actes de la vie du défunt qui pouvaient lui mériter la faveur divine, plutôt qu'aux scènes familières représentées autrefois, et qui semblent refléter une vie patriarcale toute différente de celle qu'on devait mener sous les Ramsès.

Fig. 23. — Pilier osiriaque et ante dans le temple de Ramsès III à Medinet-Habou.

Ces pharaons conquérants ne se contentaient plus des habitations simples élevées en briques, et où les matériaux lapidaires étaient peu employés. Ramsès III faisait précéder son temple funéraire d'une construction importante à deux étages, défendue par un mur crénelé dans lequel était percée une porte, flanquée d'édicules ayant l'aspect de corps-de-garde.

Le pavillon lui-même comprenait des corps de logis établis en retrait autour d'une cour et que reliait un bâtiment sous lequel s'ouvrait une porte. La partie basse des murs était construite en talus; quant aux murs eux-mêmes, ils étaient recouverts de bas-reliefs, rappelant les victoires remportées par Ramsès en Syrie. C'était donc à la fois une sorte de forteresse et un monument triomphal (fig. 22).

Les représentations peintes de maisons, suivant un procédé de figuration qui tient à la fois de la projection et du rabattement, fournissent aussi quelques renseignements sur les maisons thébaines, sur la distribution des pièces d'habitation et des magasins, sur la décoration, tantôt empruntée au règne végétal, tantôt inspirée de combinaisons linéaires, tresses ou méandres, semblant reproduire des travaux de vannerie ou des tissus.

On continuait encore à l'époque thébaine à utiliser la brique pour les constructions usuelles, ainsi qu'en témoignent les galeries voûtées qui subsistent à Thèbes, en arrière du Ramesseion. Les Egyptiens connaissaient bien les défauts de leur sol, et ils avaient adopté dès l'époque memphite

Fig. 24. — Colonnes lotiformes de la cour péristyle au temple funéraire de Gournah. (Thèbes.)

l'usage de murs construits à lits concaves et ondulés pour prendre appui sur les couches de limon et parer au danger de glissements. Les supports isolés reposaient sur une assise assez large pour donner sur le sol compressible une bonne répartition des charges. Dans une étude récente M. Choisy a résumé les observations qu'il a faites en Egypte sur ce mode de construction dont les murs de Karnak et d'El-Kab offrent les plus frappants exemples. Il ne s'appliquait pas seulement à la brique, mais encore aux murs de quais construits en pierres appareillées, ainsi que M. Choisy l'a constaté dans l'île de Philæ, et à Esneh.

Les Egyptiens ont été les maîtres de tous les peuples de l'antiquité dans l'art de construire, qu'il s'agisse de constructions élevées en petits matériaux façonnés ou de constructions lapidaires mettant en œuvre des matériaux de dimensions considérables. Les voûtes de briques crues pouvaient être élevées sans cintre à condition de disposer les briques par tranches inclinées et de faire adhérer chaque tranche à la tranche voisine par la terre grasse, le mortier étant encore peu employé. La forme surhaussée était favorable à ce mode d'exécution des voûtes. Lorsque la voûte était épaisse, on la formait de plusieurs rouleaux concentriques. Il est difficile de savoir actuellement si ces méthodes de construction ont été imaginées en Egypte ou en Chaldée. Cependant, les voûtes égyptiennes étant postérieures aux expéditions dirigées par la régente Hatasou en Arabie, on pourrait en conclure à la priorité des voûtes chaldéennes. Mais ce qui appartient en propre à l'Egypte, c'est le système de construction lapidaire dans lequel tout est réduit au soutien de charges verticales.

FIG. 25. Buste d'Harmhabi. XIXe dynastie. (Musée du Caire.)

Si la salle à couvrir est petite, et si sa largeur ne dépasse pas la dimension moyenne des dalles à extraire des carrières, ces dalles franchissent l'espace vide entre les murs sans aucun soutien. Si la salle est plus vaste, on divise par des supports isolés l'espace à couvrir, on réunit les supports à leur partie supérieure par des architraves monolithes sur lesquelles reposent les dalles des plafonds. A la salle hypostyle de Karnak, la longueur des monolithes dépasse neuf mètres. Lorsque les murs sont épais on les construit à deux parements et généralement en talus, le vide intérieur étant rempli de sable. Ainsi étaient construits les murs des pylones, et ce mode de construction, vu la nature du sol limoneux, a eu pour conséquence l'effondrement des pylones quand le noyau de sable s'est affaissé.

A l'origine les supports étaient sans doute monolithes, mais les difficultés de montage firent bien vite préférer leur établissement par assises, ces assises étant liées entre elles par des tenons de bois ou de métal.

C'est pour la même raison que les architraves reposant sur les axes des colonnes ou des piliers sont rarement d'une seule pièce, mais sont constituées de deux ou trois monolithes juxtaposés soutenant les dalles jointives des plafonds.

Ce qui est à remarquer, c'est le sentiment artistique qui s'applique aux moindres détails. Les Egyptiens ont eu, les premiers, l'idée de donner aux pilastres, arrêtant sur un mur la file des supports d'une galerie, un couronnement distinct de celui des supports. Le temple de Médinet-Habou en offre un exemple caractéristique (fig. 23).

Fig. 26 — Buste de la reine Taïa. XVIIIe dynastie. (Musée du Caire.)

Si l'on étudie de près les procédés de transport et de montage, on constate que les Egyptiens ont toujours proportionné les efforts au but à atteindre, et n'ont jamais exagéré inutilement les dimensions des pièces à assembler. Le traîneau et le radeau étaient d'usage courant pour les transports, le plan incliné et les leviers facilitaient le montage des matériaux lourds à grande hauteur; M. Choisy a reconnu, en arrière des pylones de Karnak, les témoins d'un mode de montage à bascule et par gradins, qui évitait pour de grandes hauteurs le développement excessif des rampes.

Les terrassements remplaçaient pour les supports isolés les échafaudages; on établissait, au moyen de remblais, des niveaux successifs, correspondant aux lits des assises, et le déblai de la salle s'effectuait ensuite inversement au fur et à mesure de l'exécution des travaux de décoration.

Quant aux colosses et aux obélisques, il y a lieu de penser, avec M. Choisy, qu'ils étaient transportés sur des traîneaux, hissés à l'aide de leviers sur des plans inclinés et mis en place en pivotant lentement sur des sachets de sable, vidés progressivement; on peut croire que le dressage des obélisques était obtenu de même en amenant le monolithe sur des remblais à la position horizontale; on pouvait le faire tourner vers le milieu de sa hauteur sur un tourillon fixe, en déblayant doucement la base pour amener le bloc à la position verticale. Des sacs de sable, peu à peu vidés, aidaient encore à faire reposer, sans secousses et sans risques de fêlures des arêtes, l'obélisque sur sa base. La taille des obélisques et des colonnes était faite en grande partie sur les carrières et par plans qui supposent l'emploi de la scie et du sable quartzeux pour les épannelages. Ces détails révèlent suffisamment la science des constructeurs.

Fig. 27. — Bas-relief de Ramsès II enfant. XIXe dynastie. (Louvre.)

Quant à l'art, il intervenait partout, et l'époque thébaine nous fait connaître à la fois le goût des artistes et la perfection des méthodes techniques. Sans doute, s'il s'agit de la décoration architecturale, l'artiste thébain a peut-être le sens moins délicat, moins affiné, que l'artiste memphite. Ainsi, la colonne à tiges et à boutons de lotus si délicatement interprétée par l'artiste d'Abousir, et qui, au temple funéraire de Gournah (fig. 24) et dans les hypogées de Beni-Hassan, conserve encore sur le fût et le chapiteau les divisions des tiges arrondies, ne garde plus, à Karnak, qu'un tracé gravé des dispositions anciennes. Sans doute on recherchait pour le développement des décorations hiéroglyphiques une surface unie mieux utilisable. Cependant, le souvenir de la décoration florale est encore conservé sur les colonnes de Thèbes par la forme bulbeuse de la base sur laquelle s'épanouissent de larges feuilles d'eau, par les annelets gravés rappelant les ligatures prises sous les boutons, par une sorte de frange symbolisant les tigettes prises entre les tiges principales et les liens de serrage (fig. 15).

Le chapiteau en forme de campane, celui du Ramesseion aussi bien que celui de la salle hypostyle de Karnak, conserve aussi à la surface le souvenir des fleurs épanouies et des boutons de lotus, symbolisant le bouquet floral qui fut l'origine du chapiteau. Mais que la forme de ce chapiteau, nécessitant l'interposition d'un cube pour soutenir l'architrave, est peu logique!

La sculpture et la peinture avaient pris sous l'empire thébain un développement considérable. Prisse d'Avennes a reproduit, dans son *Histoire de l'Art égyptien*, quelques-unes des compositions charmantes qui ornaient les murailles : ici, le peintre a représenté, sous la forme la plus délicate, une joueuse de mandore; là, ce sont des scènes de chasse dont le développement semble avoir inspiré le décor des beaux vases de Corinthe.

Les bas-reliefs de Tell-el-Amarna sont parmi les œuvres les plus gracieuses qui, par la finesse de contours et la délicatesse du modelé, fassent le mieux apprécier l'artiste égyptien.

Les statues d'Aménophis III conservent les traditions de style de l'époque memphite pour les rois représentés dans l'attitude du repos. On y employait les matières les plus dures, diorite ou basalte. L'expression des figures est rendue avec une sincérité charmante. Quelques-unes, celle d'Harmhabi (fig. 25) et celle de la reine Taïa (fig. 26), sont à citer comme les chefs-d'œuvre de la statuaire égyptienne.

Fig. 28. Statuette en bois du roi (?) Au-ab-Ra « Hor » découverte à Dashour. (Musée du Caire.)

Bien que le sculpteur semble, à l'époque thébaine, préférer le bas-relief serti dans un contour intaillé au bas-relief saillant, l'ancien procédé est encore employé notamment à Abydos, dans le temple de Séti Ier. Le Louvre conserve un bas-relief représentant Ramsès II enfant à la chasse, dont les formes souples et les fins modelés sont dignes d'admiration (fig. 27). Sur le pylone de Ramsès III, à Medinet-Habou, la sculpture en bas-relief est associée aux inscriptions gravées, tandis que, dans le temple, les tableaux représentant l'offrande du roi à Ammon sont exécutés dans une intaille.

La peinture à teintes plates et conventionnelles ne détruisait jamais les formes par des nuances de tons. C'est le relief qui produisait les demi-teintes et les ombres. L'enluminure mettait en valeur les modelés très fins qui résultaient de la réduction des saillies dans le bas-relief égyptien. Elle aidait à la compréhension des scènes dont le sculpteur excellait à accentuer l'expression par la répétition des gestes, superposant personnages ou animaux par une projection oblique.

Une esquisse de trait à la sanguine guidait le ciseau ou le pinceau, et ces esquisses de contour, faites à la façon de celles de nos fresques du moyen âge, portent encore des traces de correction. On a tout retrouvé dans les tombeaux, jusqu'aux palettes et aux godets dont se servaient les peintres, et quelques-unes de ces palettes avec leur amortissement sculpté, sont de véritables œuvres d'art. Sauf l'indigo, les couleurs étaient minérales. On les posait sur un enduit très fin, qui bouchait les pores de la pierre ou du bois. Pour les cartonnages de momies on se servait de couleurs à l'eau mélangées de gomme, qu'on appliquait sur un enduit de colle et de plâtre. Naturellement, cet enduit n'existait pas sur le basalte ni le granit; mais les parties peintes, comme on le voit sur les creux du sarcophage de Ramsès III, au Louvre, avaient été piquées pour faciliter l'adhérence de la peinture. Lorsque la matière était très dure et colorée naturellement elle se passait d'enluminures. On peut le constater au Louvre sur un sarcophage de basalte portant en creux la représentation de la migration de l'âme. Le sarcophage est, il est vrai, d'époque saïte.

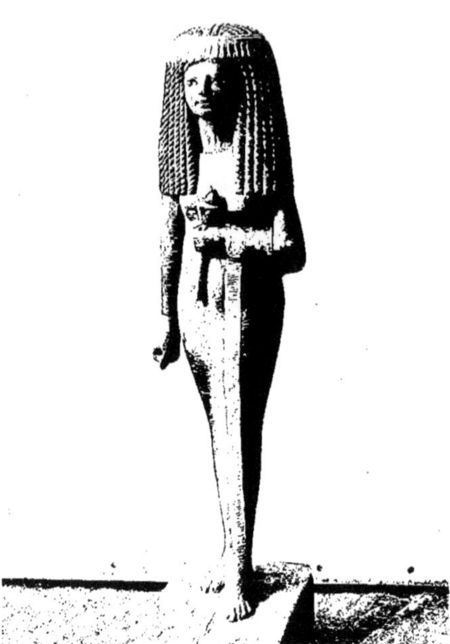

FIG. 29. — La dame Naï. Statuette en bois d'époque thébaine. (Louvre.)

Le peintre distinguait par un ton jaunâtre les chairs de femmes et par un ton brun les chairs d'hommes; les draperies et les bijoux avaient des colorations très voisines des colorations naturelles.

L'artiste tire ses thèmes décoratifs de tout ce qui l'entoure, mais le plus souvent de la flore et de la faune locales.

Naturellement les tombeaux ont conservé surtout les représentations d'animaux auxquels les rituels assignaient une destination funéraire, l'urœus, le vautour, l'épervier, le scarabée. Le décor des plafonds est très varié, tantôt très libre, représentant un vol d'oies ou des vautours aux ailes éployées sur un fond d'étoiles; tantôt assujetti à une décoration de lignes droites ou courbes, servant d'appui aux ornements floraux. Les peintures des papyrus ne sont pas moins intéressantes à étudier que celles qui décorent les murailles. Elles accusent un souci de la composition et une franchise d'expression qui font vraiment honneur aux artistes. Mais c'est surtout dans les objets familiers, mettant en œuvre le bois, la terre émaillée, le verre ou le métal, que se révèlent à nous le goût et l'habileté des artisans thébains.

FIG. 30. — Femme portant une auge. Statuette en bois peint. XIIe dynastie. (Louvre.)

Le bois a été employé à la fois pour la statuaire et pour le mobilier. Le Louvre et le musée du Caire conservent plusieurs statuettes; les unes en bois de cèdre ou de sycomore, les autres en bois d'acacia, statuettes de rois et de prêtres et statuettes de jeunes femmes, qui sont des merveilles de grâce et de finesse. La statuette du roi Hor, attribuée à la XIIe dynastie, a l'élégance d'une œuvre grecque (fig. 28).

L'or intervient dans la statuette de la dame Naï (fig. 29) pour figurer un collier, des bracelets, et l'interprétation de l'étoffe moulant le corps conserve à la statuette un caractère de dignité chaste, que l'artiste a toujours su exprimer. La statuette de la dame Touï se distingue par les mêmes qualités de finesse et d'élégance. Toutes deux datent de l'époque thébaine. Sur une autre statuette de bois moins précieux (fig. 30), c'est la peinture

Fig. 31. — Cuiller de bois. Musicienne sur une barque. Époque thébaine. (Louvre.)

appliquée sur un enduit très fin, qui détaille le costume d'une esclave portant une petite auge sur la tête ; le geste est élégant et parfaitement observé. Cette statuette est de la XIIe dynastie.

Parmi les œuvres d'art les plus exquises, il faut citer de petites cuillers de bois servant à prendre la poudre d'antimoine, le fard ou les parfums, et que décorent le plus souvent des motifs tirés de la flore ou de la faune du Nil.

Le Musée du Louvre est particulièrement riche en ustensiles de ce genre. Ici le manche est formé par un esclave à l'aspect lourd soutenant avec peine le fardeau, dans lequel est évidée la cuiller ; là c'est une jeune fille nue, tenant des bouquets de lotus, et, soutenant sur les bras des offrandes, fruits et oiseaux. La cuiller est généralement de forme ovale, et cette forme est utilisée pour représenter un canard dont le corps est évidé et dont les ailes mobiles forment le couvercle ; c'est une jeune nageuse allongeant les bras pour saisir l'oiseau qui forme le manche. La forme carrée d'une autre cuiller a permis au sculpteur de développer un autre sujet : c'est une musicienne debout sur une barque (fig. 31). Sur un autre manche de cuiller est représentée une joueuse de mandore entre deux tiges de lotus.

Fig. 32. Cuiller de bois. Jeune fille cueillant des lotus. Époque thébaine. (Louvre.)

L'artiste a sculpté encore une jeune fille s'avançant en écartant les tiges fleuries qui gênent sa marche (fig. 32). Rarement la nature a été plus sincèrement observée et plus sûrement rendue. Celles mêmes de ces cuillers à parfum dont la décoration n'est empruntée qu'à la flore sont de purs chefs-d'œuvre et de parfaits modèles de composition décorative.

Les dimensions restreintes des bois exploités en Egypte nécessitaient des assemblages, assemblages à tenons chevillés et assemblages à rainures, qui sont encore d'usage courant. On doit attribuer aux artisans de l'époque thébaine des fauteuils conservés au Louvre et au Musée britannique, dont le dossier est orné de marqueterie d'ébène et d'ivoire (fig. 33). Il est relié par des sortes d'équerres au cadre reposant sur les pieds, et sur lequel était tendu un treillis de cuir ou de cordelettes servant sans doute à porter un coussin.

FIG. 33. — Fauteuil en bois. Dossier à panneaux incrustés d'ivoire. Époque thébaine. (Louvre.)

Le décor de ces meubles est encore très varié; les pieds sont généralement des pieds d'animaux, et les têtes de ces animaux forment amortissement à la hauteur du siège. Sur un tabouret du Louvre (fig. 34), ce sont les corps entiers des félins qui constituent les supports.

Quant aux tissus, on ne peut douter que les Egyptiens de l'époque thébaine aient connu la tapisserie, puisqu'un métier de haute lisse est représenté sur le mur d'un hypogée de Beni-Hassan. Ils employaient aussi le cuir découpé et teint.

Tous les meubles conservés dans nos musées ont été recueillis dans les tombeaux, et l'habileté du menuisier est très apparente encore dans la fabrication des cercueils de bois où étaient enfermées les momies. Souvent ce n'était qu'un coffre couvert d'hiéroglyphes, dont la face intérieure, enduite de stuc, recevait aussi des inscriptions empruntées au *Livre des Morts*. Plus tard, on tenta de donner au cercueil l'aspect du corps embaumé. C'était une sorte de gaine dont la tête seule se détachait complètement et reproduisait avec une scrupuleuse exactitude les traits du défunt (fig. 35). Parfois le corps tout entier est figuré en relief,

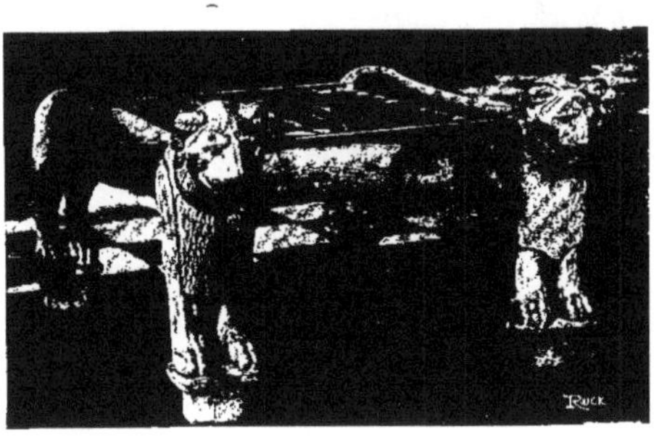

FIG. 34. — Tabouret de bois ayant deux félins pour supports. Epoque thébaine. (Louvre.)

couvert d'attributs; et c'est pour de tels cercueils que l'on employait les bois d'essences diverses, fournissant des ressources pour les colorations différentes des chairs et des vêtements. L'émail intervenait pour les yeux, pour les bijoux. Les mains repliées sur la poitrine tenaient des emblèmes.

Pendant la période thébaine, on préférait les sarcophages de granit ou

FIG. 35. — Sarcophage en bois d'essences différentes pour la figure et les vêtements qui sont peints. Époque thébaine. (Louvre.)

d'albâtre et le luxe des cercueils de bois accuse généralement des œuvres de basse époque.

Le travail des potiers ne paraît pas avoir été poussé aussi loin en Egypte qu'en Grèce. On choisissait pour les vases de luxe des roches dures ou des pierres fines qu'on taillait avec une perfection extraordinaire, laissant supposer un outillage moins rudimentaire qu'on ne le croit généralement. Les croyances populaires multipliaient les amulettes auxquelles on attribuait des vertus surnaturelles; l'œil mystique, préservant celui qui le portait contre le mauvais œil, le scarabée, symbole de durée.

M. Maspero signale des scarabées d'obsidienne ou de cristal remontant à la IVe dynastie. La cornaline, le jaspe rouge, le lapis-lazuli n'étaient pas moins employés, et l'on peut admirer dans les collections de nos musées le décor varié et l'exécution parfaite de ces objets que l'Egyptien voulait durables et qui pour ce motif ont été exécutés en matières très dures. Pour le même motif on exécutait en albâtre les vases à parfums et les canopes et en calcaire fin, en granit ou en basalte, les tablettes d'offrandes.

Cependant le goût de la polychromie développa à la fois l'industrie de la terre émaillée et celle du verre. Les pierres fines étaient coûteuses, et le verre coloré par les oxydes métalliques fournissait des imitations si habiles que l'on est souvent tenté de confondre ces pâtes vitreuses avec les pierres naturelles.

Fig. 36. — Fioles en verre polychrome à ornements chevronnés.

Les bas-reliefs des tombeaux montrent des ouvriers occupés à souffler au bout d'une canne creuse une ampoule de verre. Les procédés de fabrication étaient donc, dès l'antiquité, très voisins des procédés modernes. Il est probable que la découverte des émaux vernissant la terre et colorés par des oxydes dut précéder celle du verre incolore.

Le verre était soufflé pour former ces fioles élégantes qu'on a recueillies souvent dans les tombeaux, et qui sont couvertes d'ornements chevronnés multicolores (fig. 36); on les obtenait en posant sur la fiole pendant le soufflage une série d'anneaux en verre coloré, relevés sans doute par un crochet à intervalles réguliers pour former des lignes brisées, et refondus ensuite pour constituer une enveloppe continue à la fiole qui avait servi de noyau. L'habileté des artisans égyptiens était donc au moins égale à celle de nos plus habiles verriers modernes.

L'émail avait pour support, tantôt l'argile cuite, tantôt une terre sableuse ou une pâte siliceuse mélangée de terre cuite pilée. Les potiers connaissaient donc la nécessité du dégraissage d'une pâte plastique pour éviter les déformations. Les colorations de l'émail qui étaient généralement le vert aux époques anciennes, plus rarement le jaune et le violet, furent surtout le bleu turquoise dû au cuivre et le bleu foncé dû au cobalt pendant la période thébaine (fig. 37).

Ce ton bleu colore les statuettes funéraires. L'émail s'applique encore à des vases dont les formes sont très diverses, à des plats creux ornés de poissons et de lotus (fig. 38).

Il semble même qu'au temps d'Amenophis IV, de ce prince hérétique qui tenta d'introduire en Egypte le culte des astres, les plaques de terre émaillée aient servi comme en Chaldée au décor de l'architecture sous forme de pièces détachées, rosaces, ailes d'oiseaux, fleurs qui s'ajustaient et

FIG. 37. — Groupe d'objets divers, masques, manches de sistres, rosaces, amulettes, colliers, etc., en terre émaillée. Époques diverses. (Louvre.)

s'emboîtaient pour former sur la surface murale des motifs isolés ou des bandes. On en a recueilli de nombreux fragments à Tell-el-Amarna.

Les plaquettes de terre émaillée étaient incrustées aussi dans le bois ou dans la pierre, et devaient former une décoration d'une extraordinaire richesse dont quelques pièces des collections donnent une idée.

Les verres colorés destinés à imiter les pierres fines étaient coulés et taillés ensuite pour être employés au décor des bijoux.

Le travail des métaux précieux était en effet pratiqué en Egypte dès la plus haute antiquité ; et à l'époque thébaine, c'est par centaines que l'on compte les pièces d'orfèvrerie, recueillies dans les tombes royales, masques d'or, pectoraux d'or ornés de joyaux, colliers, bracelets, bagues, etc.

L'or était comme aujourd'hui travaillé ou repoussé. On le fondait, on le

FIG. 38. — Groupe d'objets divers, plats creux, vases, statuettes, tête de chacal, etc., en terre émaillée. Époques diverses. La plupart des pièces sont d'époque thébaine. (Louvre.)

battait, on l'étirait en fils, on le gravait. Le Louvre conserve une superbe bague d'Harmhabi, dont le chaton mobile, servant de cachet, est orné d'un lion d'une superbe allure (fig. 39). Un fil d'or entourant l'anneau massif donne à la bague un caractère de grande élégance.

Les fleurs d'Egypte, le lotus et le papyrus, sont toujours les ornements préférés des orfèvres. Une coupe plate en or, décorée d'hiéroglyphes sur le bord vertical que termine un ourlet, est ornée au fond d'une rosace que contournent des poissons nageant dans un orle de fleurs de lotus. Le thème décoratif était vraiment bien choisi pour cette coupe, don de Thoutmès III à son officier Thoutii (fig. 40).

Fig. 39. — 1. Bague sceau en or massif d'Harmhabi à décor de lion passant. XIXe dynastie.
2. Faucon aux ailes éployées en or et pierres fines ou pâtes de verre cloisonnées. Époque thébaine. (Louvre.)

Les bracelets d'or conservés au Louvre, et formant une parure princière, ne sont pas moins précieux.

Ils sont formés de deux plaques articulées, percées à jour, et sur lesquelles étaient rivées des cloisons d'or, enchâssant dans leurs bords rabattus des pierres fines ou des pâtes vitreuses. Une aiguillette d'or était la fermeture de ces bracelets dont les thèmes décoratifs sont des animaux assis au milieu des lotus.

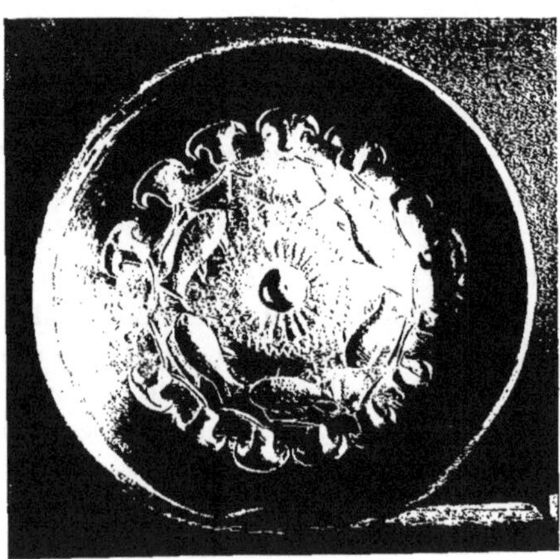

Fig. 40. — Coupe plate en or décorée au repoussé de poissons et de fleurs de lotus. Époque thébaine. (Louvre.)

Un des plus beaux bijoux de l'époque thébaine est un aigle ou un épervier aux ailes recourbées, dont chaque plume est détaillée par des cornalines ou des pâtes de verre, vertes et bleues, aux colorations chatoyantes (fig. 39).

Un autre bijou, représentant un faucon aux ailes étendues et conservé aussi au Louvre, n'est pas moins digne d'admiration (fig. 41).

Les pectoraux d'or posés sur la poitrine des morts ont souvent l'aspect d'un Naos (fig. 42) surmonté d'une corniche en forme de gorge que décorent des cornalines et des pâtes d'émail prises dans des cloisons. Au centre du Naos sont figurés, tantôt la barque funèbre où le défunt est représenté debout entre deux divinités, recevant l'eau lustrale sur la tête, tantôt le scarabée symbolique, tantôt l'épervier au-dessus du vautour et de l'uraeus. Parfois le fond du Naos est une plaque d'or pleine sur laquelle sont fixés dans des cloisons

FIG. 41. — Faucon à tête de bélier. Pectoral en or à hautes cloisons sertissant des pierres fines ou des pâtes de verre. Dédié par Kha-em-uas, un des fils de Ramsès II. (Louvre).

des figures et ornements d'émail ; parfois la plaque est percée à jour suivant les contours qui dessinent les thèmes décoratifs.

Les tombeaux nous ont révélé l'importance du rôle de la femme en Egypte et la gloire d'une régente, telle qu'Hatasou, est proclamée par les bas-reliefs de Deïr-el-Bahari.

Il n'est donc pas surprenant que l'on ait trouvé dans les tombeaux de la reine Ahhotpou, femme de Kamos, roi de la XVIIe dynastie, à côté de bijoux féminins et d'un miroir de bronze doré, un sceptre en bois garni d'or, des haches et des poignards dont la lame était en bronze damasquiné d'or. Le travail fait à la damasquine est une scène de chasse, mettant aux prises un lion et un taureau.

Ce travail de damasquinage a été appliqué aux statuettes de bronze, dont quelques-unes, notamment celle de la reine Karomama (fig. 43), conservée au Louvre, sont aussi remarquables par la beauté de la forme que par la richesse de la polychromie. Les colliers sont en métaux précieux, argent et or inscrustés dans le bronze. L'émail anime encore les yeux. L'œuvre appartient à la période saïte.

Ce qui est frappant dans toutes les productions de l'industrie égyptienne,

Fig. 42. — Pectoral en or cloisonné ayant la forme d'un naos et portant le cartouche de Ramsès II. (Louvre.)

c'est l'application constante de l'art à toutes les œuvres, qu'il s'agisse d'un manche de miroir en bronze ou de tout autre objet usuel.

Par exemple, c'est une petite figurine aux bras étendus, ou une tige de lotus qui soutient le disque de métal formant le miroir, et la composition est aussi interessante par l'idée que par l'expression et la forme.

On peut dire que les Égyptiens ont été des maîtres dans toutes les techniques, mais surtout qu'il ont su tirer d'éléments très simples les décorations les mieux appropriées à chaque matière ; cela tient sans doute à l'observation très juste qu'ils ont toujours su faire de la nature dans laquelle ils vivaient. Ils excellaient dans la fonte du bronze et dans le martelage du cuivre. Quelques vases conservés au Louvre, l'un entre autres délicatement orné de feuilles gravées et d'ornements repoussés, sont aussi remarquables par la perfection de l'exécution que par l'appropriation du décor à la technique (fig. 44).

L'emploi du bronze, c'est-à-dire de l'alliage du cuivre et de l'étain, ne semble pas avoir été antérieur en Egypte à l'époque thébaine. On tirait du Sinaï le cuivre presque pur, et il était facile de le travailler au marteau; mais l'étain venait de plus loin, sans doute de l'Inde, et les Chaldéens durent en faire usage avant les Egyptiens.

Quant au fer, il n'est pas douteux qu'il ait été connu et qu'il ait servi à la fabrication des outils nécessaires à la taille et à la sculpture des matières dures, telles que le granit et le basalte, qu'il eût été presque impossible de tailler avec des outils de bronze. La finesse exagérée des bas-reliefs et des décorations épigraphiques durant la période saïte et sous les Ptolémées suppose un perfectionnement de l'outillage que révèlent les caractères particuliers de la sculpure pour cette dernière époque.

## L'ART ÉGYPTIEN DE LA PÉRIODE SAÏTE A LA CONQUÊTE ROMAINE

La fin de l'empire thébain avait marqué pour l'art égyptien une période de décadence. Sous la XIX^e dynastie l'empire s'était étendu jusqu'en Syrie, et les Phéniciens, dont les vaisseaux sillonnaient la Méditerranée, étaient devenus les propagateurs les plus actifs de la civilisation égyptienne; mais l'étendue même de l'Empire l'exposait aux attaques des populations guerrières de l'Asie Mineure et de la Lybie, que secondaient les ancêtres des Grecs, « ces peuples des brouillards » disséminés sur les côtes et dans les îles de l'archipel, et dont les flottes disputaient déjà la mer aux Phéniciens.

Pendant trente années, Ramsès II défendit victorieusement l'empire qu'il avait accru, et l'un de ses successeurs, Ramsès III, arrêta encore l'immigration des peuples de l'Asie qui, depuis un siècle et demi, menaçait l'Egypte et qui dès lors reflua vers l'Europe.

Mais après la mort de Ramsès III, il semble que l'Egypte, épuisée par l'effort qu'elle avait dû faire, s'appauvrit graduellement.

Sans doute des tribus syriennes avaient été transplantées dans le Delta et avaient fourni la multitude d'ouvriers nécessaires pour les édifices colossaux qui témoignent de la puissance des pharaons thébains; mais les populations conquises étaient constamment en révolte, et Thèbes était trop loin pour que l'autorité royale fût partout respectée.

Aussi les derniers Ramessides semblent-ils avoir exercé un pouvoir plus nominal que réel, tandis que, appuyée sur la tradition, grandissait l'autorité des prêtres d'Ammon.

Après la mort de Ramsès XII, l'Egypte était déjà divisée entre les souverains du sud et ceux du nord, et ce fut bientôt Tanis qui devint la ville principale, tandis que pour maintenir dans l'obéissance « les Nomes », les nouveaux pharaons faisaient appel aux soldats mercenaires, et ouvraient ainsi l'Egypte aux étrangers.

Après le règne du lybien Seshonq, chef de la dynastie bubastite, l'Egypte se divisa en petites principautés, dont chaque prince s'attribua l'autorité royale. Une dynastie tanite remplaça la dynastie bubastite, et fit place elle-même à une dynastie éthiopienne, sans qu'aucun des princes pût reconstituer à son profit l'unité de l'empire égyptien.

C'est sous l'Ethiopien Taharqou que les rois assyriens entreprirent la conquête de l'Egypte et que Memphis dut ouvrir ses portes à Assarhaddon (670). Assourbanabal compléta la conquête par la prise de Thèbes.

Profitant des luttes entre les Mèdes et les Assyriens, un prince saïte, Psammétique tenta d'affranchir l'Egypte en enrôlant comme soldats les Grecs récemment établis dans le Delta ; de cette époque date pour l'Egypte une renaissance de l'art momentanément arrêtée par la conquête perse.

C'est seulement sous la dynastie saïte, et surtout sous les Ptolémées, après la conquête macédonienne, que les architectes édifièrent des temples comparables, pour leurs dimensions, aux temples thébains. Les divisions générales de l'édifice étaient conservées ; le temple d'Edfou, par exemple, construit sous Ptolémée-Philopator, offre des dispositions presque identiques à celles du temple de Khons : pylônes précédant une cour péristyle, salles hypostyles et galerie donnant accès au sanctuaire autour duquel sont distribuées les chambres servant de dépôts pour le culte. Une différence cependant est à noter : la première salle hypostyle est directement ouverte sur la cour, et cette disposition a eu pour

Fig. 43. — La reine Karomama, Statuette en bronze incrusté d'or et d'argent. XXIIe dynastie. (Louvre.)

conséquence l'établissement entre les colonnes, du côté de cette cour, d'un mur d'appui, élevé à mi-hauteur des colonnes, et l'ouverture d'une porte correspondant à une travée centrale, plus large que les travées latérales. Comme précédemment, les salles sont couvertes en terrasses par des plafonds de pierre.

Sous les Ptolémées, on avait cherché aussi à préserver les trésors du temple en les dissimulant dans des cachettes constituées par des galeries

Fig. 44. — Vases de bronze et vases de cuivre martelé à ornements gravés et repoussés. (Louvre.) Ces vases à libations sont d'époque saïte. Le vase au serpent qui porte une inscription démotique est de date plus récente.

prises dans l'épaisseur des murs. Ces galeries existent au temple de Denderah, dont le sanctuaire a la plus grande analogie avec celui d'Edfou.

Les temples saïtes étaient de composition plus simple. Celui de Nectanebo II, dans l'île de Philæ, consacré à la déesse Hathor, n'est qu'une salle rectangulaire formée par des colonnes que relie un mur d'appui (fig. 45). Ainsi se présente encore le petit temple de Kerdaseh, en Nubie, qui n'est pas antérieur à la conquête romaine (fig. 46). Ces monuments admirés par Hérodote ne sont pas sans analogie avec les temples grecs, et on comprend qu'au moment où l'art égyptien des époques memphites et thébaines était mal connu, ces monuments de basse époque fussent considérés comme les chefs-d'œuvre de l'art égyptien.

A Philæ, le grand temple commencé sous Ptolémée Philadelphe était à peine terminé au temps de Cléopâtre ; il est encore précédé d'une avenue aboutissant à des pylônes, qui comprennent entre eux une cour péristyle, d'où l'on accédait à une salle hypostyle et de là aux chambres du sanctuaire (fig. 47).

Mais ce qui caractérise la décadence de l'art égyptien dans cette dernière période, c'est la complication du décor architectural. On conserve bien encore le masque hathorique et le chapiteau à campane comme couronnement des colonnes ; mais ce masque n'est plus comme à l'époque thébaine le chapiteau

FIG. 45. — Temple ou Pavillon de Nectanebo II dans l'île de Philæ. XXXe dynastie.

caractéristique d'un temple dédié à la déesse : il est surmonté d'une sorte de Naos, et comme si ce n'était pas assez encore, la tête de femme à oreilles de génisse est perchée à Philæ sur un chapiteau campaniforme (fig. 45). De pareilles fautes de goût auraient dû modérer l'enthousiasme des savants de l'expédition d'Egypte pour les monuments de Philæ, dont le groupement pittoresque exerce encore tant de séduction sur les visiteurs.

Le chapiteau lotiforme a été peu employé après l'époque thébaine. On lui préférait le chapiteau campaniforme qu'on décomposa suivant les quatre faces du dé cubique qui le couronnait en quatre fuseaux occupés par des feuilles étagées (fig. 47). Au petit temple de Denderah, le cube portait en relief une figure du dieu Bisou.

Peu à peu les faisceaux se décomposèrent pour recevoir des feuilles de palmier ou des tiges fleuries, transformant insensiblement le couronnement de la colonne en une sorte de corbeille, surchargée de feuilles et de fleurs dont

Fig. 47. — Cour intérieure du grand temple de Philæ. Époque ptolémaïque.

la couleur accusait violemment les formes. Les exemples abondent à Philæ, à Edfou et à Koum-Ombos.

Par une sorte de retour de goût vers la sculpture primitive, dû peut-être à une influence de l'art grec, les sculpteurs de l'époque Ptolémaïque et de l'époque romaine font souvent usage des reliefs saillants pour les inscriptions et les figures. Le Louvre conserve encore un fragment de bas-relief sur lequel

Fig. 46. — Petit temple de Kerdaseh « Qartassi ».
Monument de même style que le pavillon de Nectanebo II à Philæ.

sont représentées deux figures d'une expression très délicate, et dont la coiffure très riche porte encore des traces de coloration.

Même dans cette période de décadence la tradition maintient encore pour la représentation des animaux, chacals, singes, faucons ou éperviers sculptés dans les matières les plus dures, une interprétation décorative qui est à louer sans réserve.

La ruine de Thèbes due aux rivalités des nomes ou provinces avait eu sur l'art égyptien une fâcheuse influence ; mais à partir du règne de Psammétique Ier, l'ordre avait été rétabli, et une nouvelle école de sculpture s'était formée, s'attachant à tirer des matières résistantes, basalte ou serpentine, les effets les plus délicats. On cherche alors à animer les figures en étudiant de plus près la nature et en rendant les modelés avec la vigueur que comporte la matière. Le Louvre conserve la tête d'une statue de vieillard aussi remarquable par son caractère réaliste que par la perfection de sa technique (fig. 48).

Fig. 48. — Tête de vieillard en granit. Epoque saïte.

Cette école de sculpture ne subit que tardivement l'influence grecque. D'ailleurs, les Césars, comme les Ptolémées, avaient intérêt à ménager la religion égyptienne pour se concilier l'affection de leurs sujets. On continua donc de travailler aux temples de Denderah et d'Ombos sous Tibère et sous Claude, de Philæ et d'Esneh sous les Antonins, et la décoration garda, au moins en apparence, les dispositions et les thèmes qui avaient cours aux époques antérieures.

Cependant, l'art égyptien avait cessé depuis plusieurs siècles d'exercer son influence sur l'Asie antérieure et dans la Méditerranée. Les Grecs avaient enlevé aux Egyptiens leur clientèle phénicienne, ainsi qu'on l'a constaté à Sidon, lorsqu'on découvrit, dans une nécropole royale, une série de sarcophages anthropoïdes, les plus anciens exécutés en Egypte, les autres en Grèce mais reproduisant, sous le ciseau des artistes grecs, les formes créées en Egypte et adoptées en Phénicie.

Ce qui subsistait, c'était l'admiration superstitieuse des étrangers pour la civilisation de l'Egypte ou du moins pour ses brillants dehors. « La pompe des monuments et des tombes (1), la pompe des cérémonies, la gravité et l'ampleur mystique des formules religieuses frappaient leurs regards et leur inspiraient le respect de ce qu'ils ne voyaient pas : la sagesse des Egyptiens était proverbiale chez les Hébreux et chez les Grecs. Et pourtant ces beaux dehors dissimulaient à peine une décadence irrémédiable. A y regarder de plus près, on reconnaissait que l'art n'avançait plus, que les sciences étaient une routine, que la religion se dégradait chaque jour. La chute des dynasties thébaines avait entraîné celle du monothéisme... La

(1). G. Maspero, *Histoire ancienne des Peuples de l'Orient.*

féodalité divine triompha partout à l'ombre de la féodalité humaine, et les dieux de Mendès ne consentirent pas plus à se laisser absorber par ceux de Saïs que les Mendésiens à courber la tête devant les Saïtes. » L'art ne trouvait plus que des expressions confuses pour ces cultes multiples et ni la complication des formes, ni l'exubérance du décor ne pouvaient suppléer à l'idée directrice qui n'existait plus.

Quoi qu'il en soit, l'art égyptien n'a négligé aucune des branches de l'activité humaine. Dans toutes il s'est montré créateur, et si la sculpture n'a pas atteint à la perfection qui fut réalisée plus tard en Grèce, si dans l'ordonnance de l'architecture on ne rencontre pas toujours les qualités d'ordre et d'harmonie qui distinguent l'art grec, et en particulier l'art athénien, on peut dire que l'Egypte avait créé de toutes pièces le système de construction lapidaire qui caractérise l'architecture antique, qu'elle a été l'initiatrice de la sculpture et de la peinture, qu'elle a créé les techniques de tous les métiers et les a poussées si loin que, pour quelques-unes, elle peut être encore la meilleure éducatrice.

Faucon en basalte. (Louvre.)

# LES ARTS ASIATIQUES

## L'ART CHALDÉEN

La civilisation chaldéenne, qui dispute à la civilisation égyptiennne la priorité, nous est encore à peine connue. Les fouilles de M. de Sarzec en Basse-Chaldée, qui ont enrichi notre Musée du Louvre, sont récentes. Celles que M. de Morgan poursuit dans la région de Suse, et qui ont fourni déjà sur l'art chaldéen les documents les plus précieux, ne sont pas terminées. Il serait donc prématuré de tenter actuellement un essai d'histoire de l'art chaldéen.

Ce que nous savons seulement, c'est qu'une civilisation très ancienne s'était formée en Chaldée, comme en Egypte, dans une plaine fécondée par les alluvions d'un grand bassin fluvial.

Les fleuves de l'ancienne Chaldée sont le Tigre et l'Euphrate, qui sortant des montagnes d'Arménie, se réunissent pour former un seul fleuve, le Shatt-el-Arab, avant de s'écouler dans le golfe Persique.

Les fleuves, après la fonte des neiges, déposent sur le sol un limon que féconde le soleil d'été: faute de culture, la plaine est transformée par places en marécages: cependant les céréales y donnent d'abondantes récoltes.

Le palmier est l'arbre de la Chaldée: on l'exploitait pour toutes sortes d'usages. Sur les bas-reliefs les génies bienfaisants sont représentés tenant le spathe de palmier. Quant à la faune, elle comprenait, outre les éléphants et les fauves, l'hémione, l'onagre et les animaux que l'homme a domestiqués.

Fig. 49. — Mauvais génies. Bas-relief assyrien. (Musée Britannique.)

Il semble que les premiers habitants, issus peut-être de l'Arabie méridionale, aient peuplé les plaines voisines de la mer, et que là comme en Egypte, la civilisation ait remonté peu à peu le cours des fleuves. Ainsi les premières villes auraient été fondées en Basse-Chaldée, puis Babylone aurait été le centre de la civilisation, et plus tard Ninive aurait été la capitale lorsque l'autorité passa des Chaldéens aux Assyriens.

Ce pays, par sa situation privilégiée entre l'Inde et la Méditerranée, excita toujours les convoitises des peuples voisins, ayant peut-être la même origine, Assyriens, Elamites, Perses, Egyptiens et peuplades cantonnées en Syrie. Aucune frontière naturelle ne l'isolait de la Syrie, tandis que vers l'est et le nord des montagnes séparaient les vallées de l'Euphrate et du Tigre de la Médie et de l'Arménie.

Fig. 51. — Borne-limite du roi Kassite Milishikou. (Louvre.)

Les explorations de M. de Sarzec ont déjà déterminé les emplacements de quelques cités anciennes de la Chaldée situées sur les deux rives du Bas-Euphrate, Ourou, Eridou, Lagash (Telloh), Larsam : plus au nord étaient Nippour, Borsip, Babylone.

Le désert d'Arabie protégeait cette première civilisation, que menaçaient surtout vers l'est les Elamites de Suse.

Dès l'origine, dans ce pays, pauvre en matériaux lapidaires et en bois, il fallut utiliser le limon des fleuves pour façonner les matériaux de construction. La brique crue séchée au soleil fournit les assises des murs ; on y intercalait des lits de roseaux, et on mélangeait, comme en Egypte, la terre de paille hachée. Mais de bonne heure on fit emploi pour les revêtements

FIG. 50. — Stèle de Naram-Sin, roi d'Agadé, vers 3750 av. J.-C. (Louvre.)

de la brique cuite et du bitume intercalé par couches entre les lits de ces briques. Cette pénurie des matériaux lapidaires et du bois a eu pour conséquence la création en Chaldée d'une architecture différente de celle qui s'était développée dans la vallée du Nil.

L'ancien temple chaldéen n'a aucun rapport avec le temple égyptien construit tout entier en matériaux lapidaires. D'après les découvertes récentes faites à Ourou et à Eridou, le type du temple chaldéen est la tour à étages telle que les Grecs la virent à Babylone.

Ces tours s'élevaient sur des terrasses, assez vastes pour contenir ceux qui assistaient aux fêtes religieuses. Elles étaient construites en briques

Fig. 52. — Table de sacrifice en bronze trouvée en Susiane. (Louvre.)

sèches avec parements en briques cuites et avaient plusieurs étages accessibles par des pentes douces ou des escaliers. Des contreforts assez rapprochés consolidaient les revêtements. Sur les terrasses, de grandes dalles de terre cuite, établies en pente pour l'écoulement des eaux, couvraient le terre-plein. Des murs d'appui limitaient ces terrasses. Au sommet de la tour était le sanctuaire.

Les Chaldéens, comme les Egyptiens, avaient divinisé les forces de la nature; mais au lieu d'enfermer les divinités malfaisantes dans l'enfer souterrain, ils peuplaient l'univers de démons grimaçants. Ces démons, c'étaient, ainsi qu'on peut le supposer, les fièvres des marécages, les vents brûlants du midi, les feux-follets égarant les voyageurs. Pour les vaincre on avait recours aux génies bienfaisants, taureaux et lions ailés à tête humaine qu'on plaçait à l'entrée des temples et des palais en Assyrie comme en Chaldée. Ces bons et mauvais génies sont constamment figurés sur les bas-reliefs (fig. 49).

Les Chaldéens avaient une idée singulière des origines du monde. Après que Mardouk vainqueur de Tiamat, c'est-à-dire du chaos, eut séparé le ciel de la terre, les dieux du ciel, de la terre et des eaux, Anou, Bel, Ea, donnèrent naissance aux autres dieux et, parmi eux, à ceux qui brillent dans le firmament, Sin la lune, Shamash le soleil, Adad l'atmosphère. Les dieux se dédoublaient pour réunir les deux principes mâle et femelle, Anou en Anat, Bel en Belit, Mardouk en Zarpanit. L'intervention des dieux dans les phénomènes célestes et dans les incantations contre les démons transforma

FIG. 53. — Bas-relief du palais d'Assourbanabal à Koyoundjik « Ninive ». Convoi de prisonniers. (Louvre.)

bien vite les prêtres en sorciers et en astrologues. Chaque dieu eut d'ailleurs sa ville préférée. A Ourou, c'est Sin, le dieu lunaire, qui a le premier rang; c'est Shamask, le dieu du soleil à Larsam; Mardouk, confondu avec Bel, est le dieu suprême à Babylone. Ishtar (Zarpanit) personnifie la fécondité; elle est aussi l'étoile du soir et l'étoile du matin, déesse de l'amour et des combats. Nebo, adoré à Borsip, est un devin qui prévoit l'avenir. La stèle de Naram-Sin, roi d'Agadé, qu'on fait remonter à 3.750 avant Jésus-Christ, et sur laquelle est représenté le roi vainqueur des Elamites, a comme couronnement le soleil et la lune sculptés en bas-relief (fig. 50).

Les croyances des Chaldéens concernant les âmes des morts ne semblent pas avoir différé beaucoup de celles des Egyptiens. S'ils ont poussé moins loin qu'eux les précautions à prendre pour la préservation du corps après la mort, c'est peut-être qu'ils ne disposaient pas comme en Egypte de collines

Fig. 54. — Chevaux tenus en main. Bas-relief assyrien. (Louvre.)

pour y creuser des hypogées ni de matériaux calcaires pour construire la demeure définitive du défunt.

L'humidité du sol marécageux limitait les dimensions des chambres funéraires, réduites à un caveau de briques, voûté par encorbellements, ou à un cercueil de terre cuite jointoyé au bitume. Cependant la croyance à une seconde vie avait pour conséquence, là comme en Egypte, l'accumulation près du mort de vases à provisions, de bijoux, d'armes ou d'objets de toilette, flacons, peignes, etc.

On comprend que l'architecture funéraire n'ait jamais eu en Chaldée l'importance qu'elle eut en Egypte.

Les rois chaldéens semblent bien avoir rempli, comme les pharaons, l'office de grands prêtres et s'ils n'étaient pas divinisés après leur mort, ils ont joui durant leur vie d'une puissance plus grande peut-être que ne le fut jamais celles des souverains de l'Egypte.

Cette puissance est attestée par les palais, véritables places fortifiées qui comprenaient dans leur enceinte les monuments religieux. Ils étaient établis sur des tertres factices, formant sous les constructions d'énormes empattements dont la fonction était de bien répartir sur le sol compressible

Fig. 55. — Colosse à tête humaine et corps de taureau, provenant des portes du palais de Sargon, à Khorsabad. (Louvre.)

la charge des murs. Les fouilles de Telloh, en Basse-Chaldée, ont révélé l'ordonnance générale de ces palais, dont les constructions enfermées dans une enceinte formaient trois groupes principaux, ayant chacun leur accès particulier et leur cour. C'est d'ailleurs la disposition de tous les palais asiatiques, comprenant les salles d'apparat, les appartements privés avec le harem et les dépendances.

A Telloh, la tour à étages qui forme le temple est située dans le voisinage des salles de réception. C'est sur les murs de ces salles que se développaient les bas-reliefs, souvenirs des victoires ou des chasses du

Fig. 56. — Siège d'une ville par Tiglatphalazar III. Emploi du bélier. (Musée Britannique.)

prince. Les entrées et les sorties étaient ménagées de telle sorte que la salle où se tenait le prince fût toujours protégée.

D'ailleurs, dans toutes les parties de l'habitation, les communications d'un quartier à l'autre ne se faisaient que par d'étroits passages faciles à surveiller et à défendre.

Quant aux pièces d'habitation, il semble qu'on se soit surtout préoccupé de les protéger contre la chaleur. Ce sont des chambres voûtées, isolées des cours par des vestibules, et où la lumière devait à peine pénétrer. Il ne paraît pas que ces salles aient été dallées, du moins n'a-t-on retrouvé qu'aux entrées des pièces principales des seuils d'albâtre très richement décorés par des ornements sculptés de faible relief. Il est probable que les sols étaient recouverts de nattes et de tapis.

La voûte, qui caractérise de bonne heure la construction assyrienne, était faite ou par encorbellements si la largeur à franchir était faible, ou par arcs

Fig. 57. — Chars de guerre à quatre combattants. Bas-relief du palais d'Assourbanabal. (Louvre.)

parallèles légèrement inclinés qui facilitaient sa construction sans cintres. C'est ainsi qu'étaient faites les galeries qui ont été découvertes à Khorsabad. La coupole, qui est le type le plus simple des voûtes à encorbellements, était sûrement connue, puisqu'elle est figurée sur les bas-reliefs assyriens.

Quant aux portes percées dans les murs et dont les jambages étaient souvent ornés d'animaux à tête humaine, figurant les génies bienfaisants gardiens du palais, elles étaient voûtées en berceau, ayant leur arc de tête apparent et accusé comme on l'a reconnu à Khorsabad, par des archivoltes de terre émaillée. Ces dispositions, qui sont celles des palais assyriens, semblent bien avoir été celles des palais chaldéens.

A Telloh, M. de Sarzec a retrouvé des faisceaux de colonnes groupées par quatre, et formées par l'assemblage de briques rayonnant autour d'un centre. D'autres colonnes formées de même par l'assemblage de briques ont été découvertes par M. de Morgan Elles proviennent du Temple

Fig. 58. — Le roi accomplissant un rite d'offrande. Bas-relief assyrien. (Musée Britannique.)

de Chouchinak (vers 1150 avant J.-C.). Il est difficile actuellement de préciser le rôle de ces colonnes, qui soutenaient peut-être des encorbellements sous des portées de voûtes ou divisaient des salles.

Les murs étaient couronnés par des redentures qui remplissaient sans doute un rôle dans la défense. C'était une sorte de crénelage de briques cuites, assez élevé dans les parties pleines pour garantir les archers. Ce mode de couronnement figuré sur les murs d'enceinte des bas-reliefs assyriens semble avoir été usité de toute antiquité en Asie et était encore en usage au moyen âge dans les constructions musulmanes.

Sur les genoux d'une des statues de basalte trouvées en Basse-Chaldée, est un plan de forteresse indiqué, comme en Egypte, par le rabattement des tours crénelées. C'est le château de Lagash (Telloh) dont l'agrandissement était dû au « pateshi », ou gouverneur, Goudéa, et qui s'élevait à douze mètres au-dessus de la plaine sur un soubassement massif.

L'emploi de la brique formant revêtement était usité en Chaldée, ainsi qu'en témoigne, à Ourouk, un essai de décoration des parements par des combinaisons géométriques.

Sûrement, la civilisation de la Chaldée a été très voisine de celle de l'Egypte. Le bas-relief de Naram-Sin, quoique ne procédant pas par réductions conventionnelles des saillies, comme les bas-reliefs égyptiens, leur est comparable pour la justesse de l'expression. Shargina ou Sargon Ier, père de Naram-Sin, n'avait-il pas pris contact avec les Egyptiens dans la presqu'île du Sinaï ?

Les sculptures les plus anciennes de la Chaldée ont les caractères de simplicité et d'énergie des sculptures égyptiennes. On y employait les matières les plus dures, granit, diorite ou basalte qu'on allait chercher fort loin. La belle statue de Goudea, conservée au Louvre, est en diorite.

La stèle fameuse d'Hammourabi (2.000 av. J.-C.), sorte de code des lois chaldéennes, est en basalte, comme la borne-limite (fig. 51) du roi Kassite Milishikou (1144-1130 av. J.-C.).

Les Chaldéens connaissaient l'emploi du bronze et ils savaient le fondre à faible épaisseur au moyen de noyaux, ainsi qu'on peut le constater sur les colonnes votives découvertes par la mission Morgan et recueillies au Louvre. Elles sont rapportées à l'an 1100. On fait remonter à la fin du XXVIe siècle avant Jésus-Christ des statuettes de bronze au nom du roi Dounghi, sortes de gaines terminées par des figures portant une corbeille sur la tête. On a recueilli d'ailleurs en grand nombre des armes, des outils et de menus objets de bronze provenant de l'Elam, dont la civilisation précéda peut-être celle de la Chaldée. La pièce la plus intéressante est une table de sacrifice en bronze, entourée de serpents, qui a été trouvée dans les dernières fouilles de Susiane, et qui remonterait à l'an 1100 avant l'ère chrétienne (fig. 52). Les évidements pratiqués dans les bords de la table étaient sans doute destinés à l'écoulement du sang des victimes.

On peut citer encore, en témoignage de l'habileté des Chaldéens, un vase en argent gravé et la lance votive en bronze que M. de Sarzec a recueillis en Basse-Chaldée.

Le mode de construction des palais en massifs énormes de briques séchées au soleil, qui, par la suite des temps, ont formé, sous l'action des pluies, d'énormes monticules accusant l'emplacement des anciennes villes, explique le petit nombre de documents recueillis jusqu'ici sur la construction et la décoration en Chaldée.

Des fragments de terre cuite revêtus d'émaux terreux où dominent le bleu de cobalt, le brun noir de manganèse, le blanc d'étain et le jaune orangé d'antimoine, avaient bien laissé deviner l'existence de revêtements décoratifs sur les parements des murs de briques. Mais c'est seulement après les retentissantes découvertes de M. et M^me^ Dieulafoy à Suse, qu'on a pu se rendre compte de l'effet de murs entièrement revêtus d'émail et de l'interprétation en relief de figures et d'animaux formant, par l'assemblage des briques émaillées, des frises d'un extraordinaire éclat.

Des objets mobiliers recueillis dans les fouilles, manches de poignards en terre émaillée, peignes en bois sculpté, ivoires, etc., semblent révéler

Fig. 59. — Chasse royale. Bas-relief assyrien. (Musée Britannique.)

l'habileté professionnelle des artisans : toutefois ceux de ces objets dont la valeur artistique est indéniable, paraissent appartenir à l'art assyrien plutôt qu'à l'art chaldéen.

Si précieuses que soient les trouvailles faites dernièrement en Chaldée, si importante qu'ait été l'invention d'une écriture syllabique attribuée aux Chaldéens, il faut bien constater que les manifestations d'un art véritable dans la Mésopotamie ne paraissent guère antérieures aux relations qui s'établirent entre l'Egypte et la Chaldée, lors des migrations de peuples asiatiques dans la vallée du Nil, et que les plus belles œuvres, celles qui autorisent des rapprochements entre l'art assyrien, l'art égyptien et l'art grec, ne datent que de la dynastie des Sargonides, c'est-à-dire du IX^e^ au VII^e^ siècle avant notre ère.

## L'ART ASSYRIEN

D'après les inscriptions, il semble que la Chaldée ait été à deux reprises conquise par les rois d'Elam, que Sargon Ier aurait chassés une première fois tandis que l'Assyrie aurait été indépendante au temps où Babylone était vassale des pharaons thébains. L'importance de l'art assyrien a été révélée par les fouilles qui ont été faites pendant le siècle dernier, fouilles anglaises des monticules de Koyoundjik et de Nimroud, fouilles françaises de Khorsabad, et bien que l'art de l'Assyrie soit très voisin de celui de la Chaldée, l'existence de matériaux calcaires, et notamment d'albâtre, a modifié sensiblement les aspects décoratifs des palais dans les deux pays. Le décor obtenu par le moulage de briques revêtues d'émail a fait place en Assyrie à la sculpture des bas-reliefs.

Avant de les étudier, il importe de rappeler brièvement les différentes époques de la civilisation en Assyrie. La soumission de la Chaldée aux rois assyriens paraît être antérieure au xe siècle. Sur les bas-reliefs de Kalakh « Nimroud », sont représentés les triomphes ou les chasses d'Assournazirabal (885-860), qui étendit l'empire assyrien du golfe persique au Liban. Au VIIIe siècle, Tiglatphalazar III conquit la Judée avec une partie de la Syrie, et pénétra jusqu'à l'Indus. Il n'est pas douteux que dès cette époque et même antérieurement les populations de l'Inde et celles de la vallée de l'Euphrate aient été en contact.

A la fin du VIIIe siècle, Sargon II « Sharoukin », général de Salmanazar IV, devint le chef d'une nouvelle dynastie ; il établit sa résidence à Khorsabad « Dour Sharoukin ». Son fils Sennachérib, après le sac de Babylone, éleva un palais à Ninive. C'est celui que Layard a retrouvé au sud de Koyoundjik.

L'empire assyrien s'agrandit encore sous Assarhaddon et son fils Assourbanabal (667-625), qui fit la conquête de l'Arabie, envahit l'Egypte, entra en Susiane et reçut l'hommage de Gygès, roi de Lydie. Les palais d'Assarhaddon et d'Assourbanipal sont sur le périmètre de l'enceinte de l'antique Ninive.

Les palais restèrent inachevés ; l'invasion des Scythes et des Mèdes avait interrompu les travaux, et l'alliance de Nabopolassar, gouverneur de Babylone, avec Cyaxare, avait décidé du sort du dernier roi Sarakos « Sinharishkoun », qui mit le feu à son palais pour ne pas se rendre au vainqueur (608). Sous Nabuchodonosor, fils de Nabopolassar, Babylone se releva pour un temps, jusqu'à l'asservissement du second empire babylonien par Cyrus ; la ville, démantelée par Darius et pillée par Xerxès, fut abandonnée. La capitale fut transférée plus tard à Seleucie, puis à Ctésiphon, enfin à Bagdad.

Le caractère particulier de la statuaire en Assyrie révèle le fanatisme religieux d'une race de conquérants dont les mœurs sanguinaires contrastent avec les mœurs pacifiques des anciens Egyptiens. Au lieu des scènes de la vie des champs ou des tableaux d'offrandes, les bas-reliefs ne montrent que villes assiégées, ennemis décapités, convois de prisonniers (fig. 53), rois aux prises avec les bêtes fauves ou écrasant les vaincus sous les roues des chars de guerre. La première place appartient toujours au roi, et après lui aux officiers royaux.

FIG. 60. — Chasse au lion. Bas-relief du palais d'Assourbanabal. (Musée Britannique.)

Mais l'art assyrien, moins étroitement attaché aux traditions religieuses, a été peut-être plus loin que l'art égyptien dans l'observation consciente de la nature et dans la recherche du caractère.

Chez aucun peuple, l'expression de douleur d'un animal blessé n'a été plus fidèlement et plus tragiquement rendue. Le cheval richement harnaché, et représenté soit au galop, soit au pas, est dessiné avec une justesse qui témoigne d'une observation scrupuleuse des différentes phases du mouvement (fig. 54). Comme en Egypte, la peinture, ou plutôt l'enluminure, appliquée au harnachement, rend compte de l'ornementation du cuir et ajoute à l'effet du bas-relief.

En Assyrie, comme en Chaldée, c'est le palais qui est le monument principal ; c'est dans son enceinte qu'est compris le temple, et c'est sur les murs des grandes salles d'apparat que se développent les bas-reliefs sculptés en l'honneur du prince.

Le palais de Sargon, à Khorsabad, mis au jour par les fouilles de Botta, consul de France à Mossoul, et de Place, a révélé les dispositions essentielles de la demeure d'un roi assyrien; elles s'accordent avec les descriptions d'Hérodote. Le palais était relié par des terrasses au mur d'enceinte. Suivant l'usage asiatique, il comprenait les salles de réception, les appartements privés et les dépendances, répartis dans des quartiers distincts. L'architecte Félix Thomas, qui en a fait le relevé, a pu par les objets recueillis dans les fouilles, et par la décoration des salles, déterminer les trois grandes divisions du palais.

Les collines voisines de Kalakh sont assez riches en matériaux calcaires : l'albâtre a été la matière préférée pour les revêtements des murs. C'est en

Fig. 61. — Chasse au cheval sauvage. Bas-relief assyrien. (Musée Britannique.)

albâtre que sont sculptés les colosses à tête humaine et à corps de taureau qui sont conservés au Louvre (fig. 55), et qui ornaient les piedroits des portes du palais de Sargon.

Mais la pierre, qui remplaçait la terre cuite pour les revêtements, n'a pas été employée pour la construction des murs; on lui préférait la brique de terre séchée, aisément utilisable pour les énormes tertres sur lesquels s'élevaient les palais. Un tel mode de construction nécessitait des murs épais, et là, comme en Chaldée, la pénurie des bois de construction ne permettait guère d'autre mode de couverture que la voûte. Elle est constamment figurée sur les bas-reliefs, et elle a généralement la forme elliptique qui convenait bien à l'emploi de petits matériaux posés en encorbellements, ou montés à faible inclinaison des lits, sans cintrage. C'est le principe qui semble avoir été appliqué constamment dans la vallée de l'Euphrate, et dont dérive directement la voûte persane à couronnement conique. Un type intermédiaire, celui des voûtes de la grande salle au palais parthe de Ctesiphon, est une application de la voûte elliptique.

M. Thomas signale à Khorsabad l'emploi de voûtes en plein cintre pour les passages des portes qui donnaient accès aux salles de réception et dont les taureaux ailés formaient les piedroits. Il signale aussi l'emploi de la terre émaillée pour les archivoltes et pour les parois des murs dans les cours et pièces contiguës. Là comme au palais de Lagash, les appartements privés n'étaient accessibles que par d'étroites galeries. Suivant M. Thomas, la cour

Fig. 62. — Lion frappé à mort. Bas-relief assyrien. (Musee Britannique.)

intérieure était décorée par un revêtement de briques émaillées formant un soubassement à des contreforts de forme cylindrique.

Les autres palais assyriens n'ont pas donné lieu à une exploration complète comme celui de Khorsabad. Mais les fouilles faites dans les ruines des palais d'Assournazirbal à Nimroud, de Sennacherib et d'Assourbanabal à Koyoundjik, ont restitué des bas-reliefs d'un art plus raffiné encore que celui révélé par les découvertes de Khorsabad.

Ces palais étaient liés à des enceintes très développées et défendues par des tours. Leur épaisseur était telle que des chars de guerre pouvaient circuler sur les remparts. Les portes percées dans ces enceintes et protégées par des ouvrages avancés, formaient des entrées monumentales comprenant une cour et plusieurs passages voûtés.

Les Assyriens étaient passés maîtres dans l'art de l'attaque et de la défense des places. Ils connaissaient l'usage du bélier. Il est figuré sur une frise du palais de Tiglathphalazar III, celle ou sont représentés des captifs empalés sous les yeux des assiégés (fig. 56). Sur un autre bas-relief, les assiégeants semblent occupés à creuser une mine. L'épaisseur des murailles devait donc être assez forte pour recevoir sans grands dommages le choc du bélier et pour s'opposer aux cheminements souterrains. Il fallait en outre défendre par un flanquement le pied des murailles, et c'est dans ce but qu'étaient établies les tours rectangulaires dont l'écartement correspondait à la portée des traits.

Fig. 63. — Lionne blessée. Bas-relief assyrien. (Musée Britannique.)

Les murailles étaient couronnées d'archères ou de créneaux, et on ne peut douter que l'attaque et la défense aient donné lieu à des ouvrages provisoires complétant les ouvrages permanents. Ce sont des tours de bois revêtues de clayonnages qui facilitaient l'attaque, ou des boucliers d'osier protégeant les assaillants.

Sur les bas-reliefs de combats, sont représentés les chars de guerre portant deux ou quatre combattants (fig. 57). L'état de guerre qui semble avoir été permanent en Assyrie explique les sujets familiers aux artistes assyriens.

C'est par des exercices violents, par la chasse aux lions, que l'Assyrien se préparait au rude labeur de la guerre; et ce sont les scènes de chasse, mettant toujours le roi aux prises avec les fauves, qui alternent avec les scènes de guerre sur les revêtements sculptés des palais. Sur un bas-relief, le roi est représenté accomplissant un rite d'offrande et faisant une libation sur les têtes de quatre lions étendus morts à ses pieds (fig. 58).

Comme l'Arabe, l'Assyrien se protègeait contre les intempéries par des étoffes de laine; ces étoffes semblent chargées de lourdes broderies. Le sculpteur assyrien n'a donc pas, comme le sculpteur grec, un idéal de beauté dont la figure humaine lui fournit les éléments. Ses personnages sont presque toujours drapés, et si le geste est juste, l'étude de la forme sous la draperie n'est pas poussée très loin.

Il semble au contraire que l'étude de l'animal vivant ait passionné le sculpteur. Il en saisit les caractères par l'observation la plus attentive, et les rend avec une fidélité surprenante.

L'homme est bien observé sans doute, car la saillie des muscles

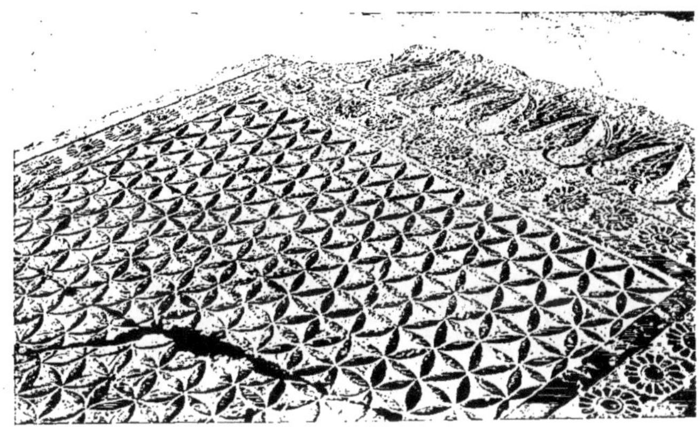

FIG. 64. — Seuil de porte en albâtre provenant du palais d'Assourbanabal. (Louvre.)

fortement accusée révèle, malgré la draperie, la vigueur des corps, mais ce que l'artiste a surtout voulu rendre, c'est l'homme en action, entraîné par le galop du cheval, décochant une flèche à une bête poursuivie (fig. 59), frappant de la lance un lion rugissant (fig. 60) ou prenant part à un combat acharné.

L'art assyrien semble avoir atteint son apogée sous le règne d'Assourbanabal. Les bas-reliefs recueillis dans les fouilles de son palais ont fourni au Musée Britannique des œuvres d'une importance exceptionnelle. C'est une chasse au cheval sauvage qui fournit à l'artiste l'occasion d'étudier et de rendre les mouvements de la bête fuyant au galop, poursuivie par les chiens, ou blessée par une flèche et se roulant à terre (fig. 61). C'est un lion blessé, accroupi comme pour résister à la douleur, tandis que le sang coule à flots de sa gueule (fig. 62). C'est surtout une lionne traînant avec un rugissement de douleur ses membres brisés; l'œuvre est certainement l'une des plus belles de la statuaire (fig. 63).

Dans toutes les scènes de chasse, l'attitude des bêtes poursuivies atteste la même science de l'anatomie, la même observation sincère de la nature, la même justesse d'expression.

Le sculpteur assyrien est peut-être celui qui a le mieux étudié le cheval. Il l'a représenté dans toutes les attitudes : au repos, en marche, lancé au galop à la poursuite des fauves, monté par un cavalier, tenu à la main ou attelé à un char ; et jamais on ne relève sur les bas-reliefs les erreurs que l'on a parfois commises dans les statues équestres, faute d'observation suffisante.

Fig. 65. — Lion de bronze assyrien. (Louvre.)

Les Assyriens, tout au moins les princes assyriens, avaient le goût du luxe, ainsi qu'en témoigne la richesse des étoffes ou du harnachement des chevaux, et le sculpteur a représenté avec perfection la décoration du tissu ou du cuir.

Le décor floral est très voisin de celui de l'Egypte. Le lotus, la palmette, la tresse en sont les éléments principaux. Ils sont interprétés par les reliefs de la sculpture aussi bien que par la coloration des émaux. Les seuils en albâtre des portes sont traités comme des broderies ; on y reconnaît la crapaudine destinée à recevoir le pivot de bronze sur lequel s'appuyait le vantail de bois. Le vantail était doublé de bandes de métal décorées d'ornements en relief. On a retrouvé des fragments de ces revêtements métalliques à Balawat, près de Mossoul. Un des seuils du palais d'Assourbanabal est conservé au Louvre (fig. 64). On y voit au centre un semis d'étoiles ou de fleurs à six pétales formées par l'intersection de cercles alternés ; à l'entour est une bande de rosaces qu'encadre une large bordure de boutons et de fleurs de lotus. Des bordures identiques ont été relevées sur des peintures de tombes thébaines de la XIXe dynastie.

Le décor de panneaux d'ivoire conservés au Musée Britannique est bien assyrien. On y remarque des génies ailés, coiffés de la tiare, entourés de tresses et de rosaces; c'est probablement à des Egyptiens ou à des Phéniciens qu'on peut attribuer des tablettes recueillies à Nimroud, où l'on reconnaît dans le costume de deux femmes assises, sur le cartouche central, dans les sceptres que tiennent les figures, dans les croix ansées placées sous les sièges, les attributs déjà rencontrés en Egypte.

C'est peut-être aussi à la Phénicie, fidèle imitatrice de l'Egypte, qu'on pourrait faire honneur d'une plaquette d'ivoire sur laquelle deux sphinx adossés forment le centre d'une décoration curviligne que supporte un chapiteau à doubles volutes.

Les Assyriens ont pratiqué avec autant d'habileté que les Chaldéens la fonte du bronze : le lion accroupi et muni d'un anneau qui provient des fouilles du palais de Sargon à Khorsabad conserve dans le métal l'énergie du fauve rugissant (fig. 65).

Si l'art de la Chaldée et de l'Assyrie a fait quelques emprunts à l'art égyptien, ce fut certainement un art créateur. Dans un pays où la pierre était rare, l'artiste a dû façonner ses matériaux et imaginer, pour les mettre en œuvre, un système particulier, la voûte, qui a déterminé les formes caractéristiques de l'architecture dans la région occidentale de l'Asie. Les coupoles assyriennes ont certainement inspiré les voûtes des palais de Firouz-Abad et de Sarvistan, et l'on peut croire que les artistes byzantins ont appliqué aux coupoles sur pendentifs des méthodes de constructions pratiquées anciennement dans la vallée de l'Euphrate.

Sans doute l'art de l'Assyrie est moins intime, et par cela même moins captivant que l'art égyptien ; mais il a été peut-être plus loin que lui dans l'observation de la nature, et il a réalisé, par la couleur, un système de décoration approprié à la matière dont il disposait.

## L'ART PERSAN

L'Egypte et la Chaldée ont été les berceaux de toutes les civilisations anciennes, et leur influence s'est exercée constamment par des voies diverses en Occident et en Orient.

La Perse a, comme l'Asie Mineure, subi cette influence. Elle occupait et occupe encore le plateau de l'Iran, qui sépare le bassin du Tigre et de l'Euphrate du bassin de l'Indus, et, grâce au voisinage de la Mésopotamie, grâce aussi à la fertilité du sol, c'est la partie occidentale du plateau qui a été civilisée la première. Les Assyriens avaient franchi les défilés du Zagros et conquis la contrée voisine de la mer Caspienne que l'on appelait la Médie.

Les Mèdes contribuèrent à la chute de l'empire assyrien et s'avancèrent en Asie Mineure, prenant contact avec des populations, qui, par l'intermédiaire des Phéniciens, étaient initiées déjà aux civilisations égyptienne et assyrienne. M. Choisy, dans son *Histoire de l'Architecture*, a établi que sous les mêmes influences, transmises par les mêmes intermédiaires, un art uniforme s'était développé partout où avaient pénétré les Phéniciens, art reconnaissable aux motifs d'ornements dont l'Assyrie et l'Egypte fournissaient les thèmes. C'est l'art de la Lycie, de la Phrygie et de la Lydie, c'est

Fig. 67. — Cortège d'archers. Frise en terre émaillée du palais de Darius, à Suse. (Louvre.)

aussi l'art des cités ioniennes d'Asie Mineure, c'est encore celui des îles de la mer Egée, c'est enfin celui de l'Étrurie. L'art persan, au temps des Achéménides, est une manifestation de cet art de transition.

Ce qui différencie les œuvres des divers pays où s'est exercée l'influence des arts égyptien et assyrien, ce sont les matériaux. Les forêts de cèdres du Liban et du Taurus fournissaient d'admirables bois de charpente qui déterminèrent en Perse, où abondaient les matériaux calcaires, un système de construction mixte alliant les supports lapidaires aux plafonds de bois portant terrasse.

Fig. 66. — Chapiteau d'une salle du palais d'Artaxerxès Mnémon à Suse. (Louvre.)

Dans la Phrygie, la Lycie et l'Ionie, on adoptait pour couvrir les édifices le comble à deux pentes qui, à toutes les époques, et dans tous les pays de forêts, caractérise les constructions en bois.

Le système mixte adopté en Perse entraînait une modification pour l'ordonnance et les dimensions des colonnes qui, n'étant pas chargées, comme

Fig. 68. — Lions passants. Frise en terre émaillée du palais d'Artaxerxès Mnémon à Suse. (Louvre.)

celles des salles hypostyles d'Egypte par de lourds plafonds de pierre, pouvaient être plus sveltes et plus espacées. Il devait en résulter un aspect différent des salles s'accordant avec leur destination.

La vie politique des Mèdes et des Perses n'a pris d'importance qu'après la ruine de l'empire assyrien. Il est donc certain que l'Asie Mineure, où s'étaient formés de petits royaumes déjà prospères, avait bénéficié avant la Perse des enseignements de l'Egypte et de l'Assyrie.

C'est seulement au VI^e^ siècle, sous les princes achéménides, que furent élevés les premiers monuments de la Perse. Le plus ancien des palais édifiés à Pérsépolis, celui de Darius I^er^, n'est pas antérieur à 520. Celui de Xerxès aurait été élevé quarante années plus tard. L'architecture royale des Achéménides, celle que caractérisent les salles hypostyles couvertes par des plafonds en charpente, n'a duré que deux siècles, et après la conquête d'Alexandre il semble que les influences chaldéennes aient dominé l'art de la Perse sous les dynasties arsacides et sassanides.

La variété des climats, depuis le golfe Persique jusqu'à la mer Caspienne, explique, en dehors d'influences voisines, la variété des constructions de la Perse, et la diversité des matériaux employés, terre cuite revêtue d'émail à Suse, pierre calcaire assez dure pour être polie, à Persépolis.

Les relations entretenues entre les Grecs d'Ionie et les Perses antérieurement aux conquêtes de Cyrus expliquent les rapports entre l'art persan et l'art ionien contemporains. Hérodote et les Grecs d'Asie Mineure rendaient hommage à la supériorité morale des Perses, qui s'étaient élevés à la conception d'un Dieu suprême, bien que subsistât dans les croyances populaires l'idée de la lutte entre les dieux et les démons, venue peut-être de la Chaldée.

Fig. 69. — Griffon en terre cuite provenant des fouilles du palais de Darius à Suse. (Louvre.)

Les conquêtes de Cyrus coïncidaient avec la période de prospérité des villes ioniennes, et lorsque disparut l'empire lydien, la Grèce asiatique dut composer avec le nouvel empire. Les succès d'Harpagos en Asie Mineure placèrent l'Ionie dans la dépendance de la Perse, et elle y demeura, sauf pendant la période où les victoires maritimes des Athéniens lui rendirent son indépendance.

Les ruines des monuments élevés par les rois achéménides sont disséminées dans la Médie, la Perse et la Susiane. C'est dans le Fars, près de Chiraz, que sont les principaux monuments, à Meched-Mourgab (peut-être Pasargade) à Istakhr, à Persépolis, à Nach-è-Roustem. Sur la terrasse de Persépolis s'élevaient les palais des souverains de la deuxième dynastie, et les tombes royales étaient creusées dans les rochers de Nach-è-Roustem, en arrière de la terrasse.

A Suse, ce sont les palais de Darius et d'Artaxerxès Mnémon qui ont

Fig. 70. — Taureau ailé provenant des fouilles du palais de Darius à Suse. (Louvre.)

été mis à découvert par les fouilles que dirigèrent M. et Mme Dieulafoy. La Susiane faisait partie du royaume d'Elam : séparée du plateau de l'Iran, elle avait subi directement l'influence de l'art chaldéen. Ainsi s'explique l'emploi de la brique et de l'émail dans les palais de Suse.

Bien que la pierre fût abondante dans le Fars, elle était réservée aux éléments principaux des constructions, colonnes, jambages de portes, linteaux, qui sont restés debout à Persépolis, tandis que s'effondraient sous l'action des pluies les remplissages en brique crue.

Les façades de palais sculptées en relief à Nach-è-Roustem pour former le frontispice des tombes royales expliquent bien le mode de construction, et la disposition de ces plafonds de bois reposant par l'intermédiaire de poutres et d'architraves sur le chapiteau à enfourchement des colonnes de Persépolis; les entailles des antes et des piliers déterminent encore les dimensions et les saillies des pièces de bois.

Le couronnement compliqué des colonnes persanes (fig. 66) et la superposition dans le chapiteau d'éléments disparates, volutes et têtes de taureaux, semblent révéler des affinités entre l'art persan des Achéménides et l'art hindou qui, lui aussi, reçut probablement l'influence lointaine de l'art chaldéen,

Fig. 71. — Lion en bronze d'époque achéménide, provenant des fouilles de la mission Morgan, à Suse. (Louvre.)

mais en fit une interprétation confuse, l'appliquant à l'expression d'idées et de croyances très différentes de celles de la Chaldée. Ces complications de formes s'accusent encore dans la base de la colonne persépolitaine, base en forme de campane renversée chargée de palmettes et de feuilles. Les cannelures, qui semblent comme en Egypte continuer la tradition d'un faisceau de tiges, sont multipliées sur la colonne persane comme elles le sont sur les colonnes ioniennes.

Les plafonds s'élevaient par superposition ou par empilage de bois. Une poutre prenait appui sur les têtes de taureaux, soutenant une architrave longitudinale sur laquelle reposaient les solives dont les saillies, par l'alternance des pleins et des vides, dessinaient des denticules. La terre recouvrait ce plafond de bois, et la terrasse était protégée par de grandes tuiles. Des fragments de ces tuiles ont été retrouvés à Suse. Si le couronnement de la colonne peut paraître étrange, la forme rectangulaire donnée au chapiteau est absolument logique. C'est en effet sous la portée de l'architrave que se développe le couronnement du support. Les Ioniens ont couronné leurs colonnes par des chapiteaux de même forme, mais en évitant les superpositions et les complications qui semblent révéler dans l'art persan le goût des peuples de l'Asie centrale.

La salle d'apparat du palais achéménide était complètement ouverte sur une face, et fermée de murs sur les trois autres faces, auxquelles étaient adossés des portiques. Les colonnes disposées en quinconce soutenaient les

Fig. 72. — Ruines du palais de Sarvistan, Perse (1).

plafonds, et c'est par la face ouverte que la lumière pénétrait à l'intérieur de la salle du trône, de l' « apadana ».

A Persepolis, des propylées donnent accès à la plateforme sur laquelle s'élevaient les palais; ces propylées datent du règne de Xerxès. Chaque souverain tenait à honneur d'édifier la salle du trône qui était le signe apparent de sa puissance. C'est ainsi que Xerxès avait élevé son « apadana » en avant de celui de Darius et qu'Artaxerxès en avait construit un autre à l'arrière de la plateforme.

Les appartements privés construits sans doute en briques crues n'ont laissé que des amas de terre, incomplètement explorées : leurs dispositions intérieures sont donc assez mal connues.

La décoration dans l'art persan est évidemment inspirée des thèmes en usage dans l'art égyptien et dans l'art assyrien. Certains détails, notamment les chambranles de portes ornés de rosaces, ne sont pas sans analogie avec ceux de la belle porte ionienne de l'Erechthéion. Cette analogie n'est pas

(1) Les figures 72, 73 et 74 sont extraites de *L'Art antique de la Perse* de M. M. Dieulafoy.

d'ailleurs surprenante, puisque l'art ionien et l'art persan avaient puisé aux mêmes sources.

L'Assyrie a fourni à la Perse les élégants motifs de volutes accouplées

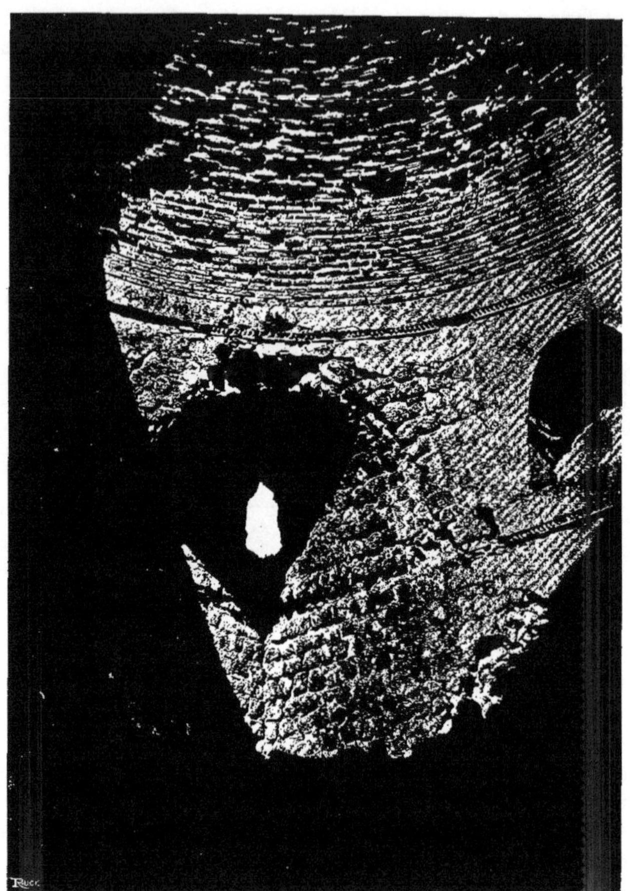

FIG. 73. — Coupole sur trompe au Palais de Sarvistan, Perse.

que l'art grec d'Asie s'était déjà appropriés. Les créneaux assyriens forment en Perse les motifs de couronnement des murs. Ils sont exécutés en pierre à Persepolis, en terre émaillée à Suse. Les ornements floraux sont, en Perse comme en Assyrie, empruntés au lotus; mais les formes sont conventionnelles, et la fleur a l'aspect d'un ornement géométrique. On sent que l'artiste persan n'a pas observé directement la flore dont il fait usage.

Il n'en est pas de même de l'homme et de l'animal figurés en bas-reliefs sur des frises de pierre ou de terre cuite émaillée, qui, en Perse comme en Assyrie, formaient la partie principale de la décoration des palais.

Fig. 74. — Palais de Sarvistan, Perse. Niches et colonnes sous la retombée des voûtes.

La religion assyrienne avait transmis à la Perse le type composite du griffon procédant du quatrupède et de l'oiseau, et qui est représenté sur les bas-reliefs de Persépolis, avec le roi.

Mais ce sont les palais de Darius et d'Artaxerxès Mnemon à Suse qui nous ont révélé, depuis les fouilles de la mission Dieulafoy, la splendeur des revêtements d'émail auxquels faisaient allusion les historiens grecs, mais que les fragments recueillis en Chaldée laissaient à peine entrevoir.

Sur l'une des frises dépendant du palais de Darius, est un cortège d'archers (fig. 67). La terre, sorte de frite siliceuse dont la composition était étudiée pour éviter les déformations pendant la cuisson, était estampée dans des moules dont les creux correspondaient aux reliefs des figures.

Le bas-relief de terre était sectionné par des joints horizontaux et verticaux en briques d'assez grandes dimensions dont l'assemblage devait reconstituer toute la décoration de la frise. A la surface de chaque brique, un cloisonné de terre, sertissant les formes et accentuant le dessin, localisait les émaux, évitant la fusion de l'un dans l'autre. La variété des tons qui sont le bleu turquoise, le vert, l'orangé, le brun foncé et le blanc, évitait la monotonie qui eût résulté de la répétition des figures estampées dans le même moule.

C'est ainsi que sur la frise des archers, l'artiste fait défiler les archers blancs et les archers noirs, et dessine sur les costumes des ornements en forme de rosaces, ou de tours, simulant des broderies dont il varie les couleurs.

N'est-ce pas aux artistes chaldéens ou élamites qu'il faut attribuer le mérite des merveilleuses sculptures émaillées de Suse, alors que les bas-reliefs sculptés de Persépolis sont d'une infériorité manifeste? Cela ne paraît guère douteux depuis la découverte par la mission de Morgan de lions émaillés qui dateraient du XIe siècle avant Jésus-Christ.

Les lions de la frise du palais d'Artaxerxès Mnemon (fig. 68) sont dignes des lions de la frise du palais d'Assourbanabal.

Les muscles de l'animal, admirablement observés, sont rendus très énergiquement par les colorations de l'émail, et par les cloisons qui dessinent et accentuent les contours.

Les artistes de Suse ont poussé si loin le travail de la terre que nous aurions peine à les égaler. Ils connaissaient les difficultés de la cuisson des terres plastiques, et en évitaient le gauchissement en les dégraissant soit avec des éclats de terre cuite, soit avec du sable siliceux et en prolongeant par la paille hachée l'effet du feu à l'intérieur de la terre.

La terre cuite non revêtue d'émail, qui servit à Suse à l'exécution des magnifiques bas-reliefs du griffon (fig. 69) et du taureau ailé (fig. 70) conservés au Louvre, diffère de la frise siliceuse employée pour les frises émaillées.

Suivant un mot du sculpeur Frémiet, les êtres fantastiques, œuvres de l'imagination du statuaire, doivent être construits comme s'ils pouvaient vivre; et c'est là un des caractères de la sculpture assyrienne. Le griffon composite de Suse semble avoir été étudié d'après nature.

En passant dans l'art grec d'Asie, l'animal composite perd ce caractère d'un être vivant : c'est le griffon des chapiteaux du temple d'Apollon Didyméen.

A Rome, c'est pis encore. Le griffon des frises du forum de Trajan est un animal en baudruche, n'ayant ni muscles, ni construction osseuse.

L'art du bronze nous est connu par des revêtements de portes découverts dans les fouilles de Suse et aussi par de remarquables ouvrages qui avaient peut-être un caractère votif; tel un lion magnifique qui a été recueilli par la mission de Morgan (fig. 72), et qu'il est intéressant de rapprocher du lion

Fig. 66. — Palais Parthe de Ctésiphon. Entrée de la grande salle.

trouvé à Khorsabad. Le lion persan est caractérisé par le style, le lion assyrien par l'expression.

La Perse était trop voisine de l'Assyrie pour n'avoir pas connu les combinaisons de voûtes qui facilitaient l'emploi de petits matériaux façonnés pour la couverture de grandes salles. En Perse comme en Chaldée, c'est toujours le palais qui est le monument principal, et les plus anciens des palais voûtés, ceux de Firouz-Abad et de Sarvistan (fig. 72), comprennent toujours les grandes divisions communes à tous les palais orientaux.

A Firouz-Abad, les trois salles d'audiences voûtées en coupole sont précédées d'une salle de pas-perdus dont la nef centrale, voûtée en berceau, est flanquée de quatre nefs latérales voûtées de même. Tout l'édifice est couvert en terrasse. Quant aux coupoles des salles de réception, qui saillissent à peine, elles accusent dans la construction quelques tâtonnements. Ce sont des trompes d'angle qui, à Firouz-Abad comme à Sarvistan (fig. 73), forment le passage du plan carré au plan circulaire. Le pendentif en forme de trompe caractérise l'architecture persane comme le pendentif en forme de triangle sphérique caractérise l'architecture byzantine.

La coupole s'appuie sur des arcs que maintiennent aux angles d'épais massifs. Au palais voûté de Sarvistan, on trouve un autre système de butée, celui de massifs évidés par des niches en forme de demi-coupoles, dont les arcs de tête prennent appui sur des colonnes (fig. 74). Les groupes de colonnes de brique trouvées en Basse-Chaldée n'avaient-ils pas une destination analogue?

Ces dispositions générales des salles d'apparat librement accessibles

FIG. 76. — Soubassement du palais ruiné de Machitta, dans la Palestine transjordanienne. Epoque sassanide (?).

étaient encore en usage à l'époque arsacide. C'est sur une nef centrale, large de vingt-sept mètres et voûtée en berceau, que s'appuyaient les salles secondaires du palais de Ctésiphon. Cette nef était la salle du trône, entièrement ouverte sur la façade par un arc de même largeur et de même hauteur que la voûte, et que flanquaient à droite et à gauche des murs décorés de plusieurs étages d'arcades et de colonnes faisant office de contreforts (fig. 75). Les divisions en hauteur des murs latéraux contribuaient singulièrement à l'effet de grandeur de la nef centrale. Celle-ci était voûtée en briques posées par tranches, soutenant des rouleaux de brique concentriques. Le profil ovoïdal de la voûte de Ctésiphon est celui qui a prévalu en Perse, et qui était une conséquence de la construction par encorbellements.

Quant à la disposition des façades, elle s'est maintenue constamment en Perse et dans les pays voisins, notamment dans le Turkestan.

L'art de la Perse, sous les Achéménides, paraît avoir été surtout un art royal : il a mis à profit les enseignements des civilisations antérieures, mais il n'a pas survécu à une dynastie.

Il semble en effet qu'après la chute des Achéménides, l'art ait suivi en Perse une autre voie, celle qu'avaient tracée les artistes chaldéens. L'emploi de petits matériaux façonnés se prêtant à des combinaisons particulières de voûtes, et l'usage de l'émail resplendissant sur les parements des édifices sous la lumière éclatante du ciel d'Asie, caractérisent désormais l'art pratiqué sur le plateau de l'Iran.

## L'ART HINDOU

L'influence des arts de l'Egypte et de la Chaldée n'avait pas été limitée à la Perse et à l'Asie Mineure. Elle s'était étendue à l'Asie centrale, qui paraît avoir eu des rapports très anciens avec la Chaldée. Les tours à étage chaldéennes ont peut-être inspiré les temples à silhouette pyramidale de l'Inde, bien que ceux-ci soient relativement récents. On peut même trouver quelque analogie entre ces formes lapidaires et celles des édifices d'Extrême-Orient qui, construits en charpente, s'élèvent par étages en retrait les uns des autres.

Les monuments de l'Inde qui ont été conservés ne sont pas de beaucoup antérieurs à l'ère chrétienne. On croit pouvoir faire remonter au IIe siècle les temples souterrains qui, comme ceux de Karli ou d'Ajunta, seraient les interprétations faites dans la roche de constructions antérieures en charpente. L'abondance du bois expliquerait en effet l'usage très ancien dans l'Asie centrale de combinaisons de charpente, les unes dérivant de l'encorbellement de pièces superposées, les autres de l'addition aux supports verticaux de pièces inclinées, liens ou écharpes, soulageant les pièces horizontales. Cette dernière disposition pouvait d'ailleurs être réalisée par le support à enfourchement dont le chapiteau persépolitain est la traduction en pierre.

De même qu'en Lycie, pays de forêts, certains tombeaux reproduisent avec une scrupuleuse exactitude les pans de bois de maisons couvertes par des terrasses, par des combles à deux pentes, ou encore, comme on le voit sur un tombeau lycien du Musée Britannique, par une toiture en forme de carène, de même dans l'Inde les constructions lapidaires les plus anciennes semblent reproduire des édifices de bois formés de poteaux soutenant par encorbellement des pièces en bascule qui, par leurs combinaisons, élargissaient le couronnement des points d'appui en vue d'une meilleure transmission des charges.

Certaines pyramides hindoues paraissent dériver d'une autre disposition, celle de plateaux de bois empilés en retrait et se soutenant les uns les autres par encorbellement intérieur. L'origine de toutes ces formes semble bien être la construction de bois. A l'appui de cette hypothèse, on cite la relation du grec Megasthènes, envoyé en ambassade par Seleucus Nicator auprès du souverain de l'Inde et mentionnant un palais construit en bois et en briques.

Fig. 77. — Piliers à l'entrée du temple souterrain d'Ajunta (Inde) (1).

Les monuments conservés sont sans doute de date récente, mais ils semblent continuer une tradition, et il est possible que les fouilles pratiquées actuellement par la mission française en Perse fournissent sur les relations entre la Chaldée, la Perse et l'Inde, des renseignements nouveaux.

Si l'on tenait compte de l'époque probable des monuments primitifs de l'Inde et de la découverte, dans la vallée de l'Indus, de statues, œuvres d'artistes grecs, on pourrait croire qu'après l'expédition d'Alexandre, la formation, dans l'Asie occidentale, de royaumes où florissait la civilisation grecque, et notamment du royaume de Bactriane, aurait étendu à l'Inde l'influence de l'art hellénique.

Mais les édifices hindous ne laissent rien subsister de cette hypothèse, et le docteur Le Bon, dans sa belle étude sur les monuments de l'Inde, en fournit l'explication par d'inconciliables différences de race et de mentalité entre les Grecs et les Hindous.

Au contraire, il semble qu'il y ait eu affinité, aussi bien pour les croyances que pour les idées, entre les peuples de la Mésopotamie, ceux du plateau

(1) Les figures 77, 78, 79 sont extraites des *Monuments de l'Inde* du Dr G. Le Bon.

de l'Iran et ceux des vallées du Gange et de l'Indus. C'est à la Perse, élève de l'Egypte, et plus encore de la Chaldée, que l'Inde emprunte les créations

FIG. 78. — Stupa ou tope bouddhique à Sanchi (Inde).

fantastiques de la statuaire, les chapiteaux compliqués à têtes d'animaux, et d'une manière générale le goût pour le merveilleux qui explique le décor exubérant des monuments hindous. Le grand bas-relief de Chosroès II provenant de Tagh-e-Bostân, sur lequel est représentée une chasse à l'hippopotame que poursuivent des chasseurs montés sur des barques ou portés par des éléphants, caractérise bien l'influence de l'art persan dans l'Asie centrale.

Dès l'époque sassanide, l'art de la Perse est caractérisé par l'interprétation la plus large et la plus décorative de la flore dans la sculpture en bas-relief. Le sculpteur semble s'inspirer du décor des tissus, imaginant comme soutien de l'ornementation florale des contours linéaires de forme très étudiée, et

FIG. 79. — Bas-reliefs du temple de Banka à Nagda (Inde).

dessinant par ajourage les fleurs et les feuilles à la manière d'une broderie.

C'est le principe d'ornementation qu'ont appliqué les Byzantins, et après eux les Arabes. C'est aussi celui que la Perse transmit à l'Inde, et dont l'influence nous a été révélée mieux encore par les bas-reliefs des monuments Khmers.

La mission de M. de Morgan a enrichi le Louvre des moulages de chapiteaux sculptés d'Ispahan et de bas-reliefs provenant du monument rupestre de Tagh-e-Bostân : ces sculptures expliquent les décorations délicates des plus anciens monuments arabes, soit du Caire, soit de Cordoue ; elles expliquent aussi le riche décor floral des pilastres, des linteaux et des frises des monuments anciens de l'Inde, du Cambodge et du Siam, où apparaît un singulier mélange d'éléments de construction rectiligne, piliers à bases et chapiteaux, linteaux et chambranles de portes, et de formes courbes très libres se prêtant à une ornementation exubérante.

Il semble bien, si l'on compare à ces sculptures celles d'un palais de la Palestine transjordanienne, celui de Machittâ (fig. 76), signalé pour la première fois par M. Tristram, qu'il y ait lieu de rattacher ce monument à l'art sassanide et de lui assigner comme date la fin du VIe siècle de notre ère. On y trouve encore une décoration en broderie comprise dans des frontons aigus, où des animaux et des rinceaux alternent avec des rosaces au-dessus d'un soubassement au robuste profil décoré de même par la sculpture. Or, si l'on excepte certains monuments primitifs de l'Inde, tels que les temples souterrains de Karli et les stupas ou topes bouddhiques, c'est à partir du VIe siècle que semble s'être développé dans l'Inde et dans l'Indo-Chine un art ayant d'évidentes affinités avec l'art persan.

L'idée du dieu suprême est commune à la Perse et à l'Inde, et il semble qu'à l'origine, dans les deux pays, le temple ait été réduit à l'autel du Feu. L'ancien culte de Brahm, du dieu suprême, figuré plus tard sous les emblèmes de la création, de la conservation et de la destruction par la « Trimourti » ou Trinité réunissant Brahma, Vishnou et Siva, n'a laissé aucun temple, et c'est seulement de l'introduction du bouddhisme dans l'Inde que paraissent dater les premiers monuments de l'art. La religion nouvelle opposait à l'idée d'une vie divine succédant à la vie terrestre l'idée de l'éternité du monde, ayant pour conséquence le renouvellement par réincarnation des êtres récompensés ou punis suivant leurs mérites. Par une singulière contradiction, le fondateur de cette religion, « Çakya Muni », surnommé Bouddha, « le Savant », dont la doctrine semblait être la négation du dieu créateur, était adoré à son tour comme un dieu, et ce n'est pas un des aspects les moins intéressants des croyances complexes des Hindous, que la co-existence dans les plus célèbres sanctuaires, tels que celui d'Ellora, du culte bouddhique, du culte dit jaïnique, voisin du bouddhisme, et du culte néo-brahmanique qui, au VIIIe siècle de notre ère, se substituait au bouddhisme, relégué dans la Chine et le Japon.

Les plus anciens monuments de pierre sont contemporains du règne d'Asoka, c'est-à-dire du milieu du IIIe siècle avant Jésus-Christ. C'est sous ce prince que le bouddhisme devint la religion officielle. Asoka était le petit-fils du prince dont l'empire s'étendait sur toute la région septentrionale de l'Inde, et dont le roi de Syrie Seleucus Nicator avait recherché l'alliance. Depuis cette époque jusqu'à l'invasion musulmane, c'est-à-dire pendant douze siècles, on n'a sur l'histoire de l'Inde, en dehors des monuments, d'autres renseignements que des récits de pèlerins chinois et quelques chroniques hindoues conservant les noms de quelques princes, ou mentionnant la formation d'un royaume scythe dans l'Afghanistan et le Pendjab, ce qui expliquerait un retour de l'influence grecque dans cette région vers le premier siècle de notre ère. Les monuments contemporains d'Asoka sont des colonnes commémoratives ornées d'inscriptions et de motifs d'ornementation assyrienne. Deux de ces colonnes subsistent encore, l'une à Allahabad, l'autre à Delhi.

Les temples bouddhiques contemporains sont des hypogées entourés souvent de monastères qui étaient, comme eux, creusés dans le roc. Le plus ancien de ces édifices paraît être le temple de Bhaja, voisin de celui de Karli, qui, lui, est, croit-on, postérieur, mais qui fournit un type complet de ces édifices divisés en trois nefs comme les basiliques chrétiennes. A Karli, les colonnes dont les chapiteaux sont surmontés d'un

Fig. 80. — Le Kaïlasa. Temple monolithe d'Ellora (Inde).

éléphant agenouillé soutenant des figures, portent une voûte en berceau creusée dans le rocher et cintrée par des cercles en bois de teck qu'on croit contemporaines de la voûte. On y accède par une façade monumentale percée de trois portes, au-dessus desquelles s'ouvre un arc en fer-à-cheval. Sur les parois latérales sont sculptés des éléphants et des bas-reliefs superposés.

Les hypogées d'Ajunta, situés à 90 kilomètres d'Aurengabad, sont creusés au flanc de rochers escarpés défendus par les eaux d'un torrent, et rien ne devait troubler la solitude des moines qui s'y étaient retirés. Les monuments d'Ajunta sont échelonnés depuis le IIe siècle avant Jésus-Christ jusqu'au VIIe siècle de notre ère, et ils se distinguent les uns des autres par la richesse du décor et surtout par les représentations figurées de Bouddha, qu'on e rencontre guère avant le VIe siècle, c'est-à-dire avant l'époque où Bouddha ut adoré comme un dieu.

Les colonnes qui simulent un portique à l'entrée des temples souterrains veillent le souvenir des portiques des hypogées de Beni-Hassan (fig. 77). Elles sont, les unes à huit pans, les autres cylindriques, ornées de cannelures n spirale et coupées par des bandes d'ornements très fins. Les chapiteaux

FIG. 81. — Temple souterrain d'Elephanta (Inde).

ont aussi de formes très variées, tantôt cubiques, tantôt décomposés en une chine torique divisée par des cannelures, et un tailloir quadrangulaire dont les ngles sont soutenus par de petites figures. Sur ces chapiteaux repose, par intermédiaire de semelles en pierre taillées dans la masse, une sorte d'entablement architravé qu'enrichissent encore mille détails de sculpture, et le ontraste le plus saisissant naît du voisinage du rocher brut et de ces culptures détaillées comme des broderies.

Comme à Karli, l'entrée principale du temple est accusée par un arc en er à cheval de très grande dimension, dont l'intrados est sectionné par des ôtes saillantes semblant rappeler encore les formes d'un cintrage en bois. Sur la face, l'arc est encadré d'un large champ terminé en pointe au sommet par des contre-courbes.

En général, le sanctuaire qui forme le fond des salles souterraines est occupé par un monument « dagoba », sorte de niche massive, dans laquelle est une statue colossale de Bouddha.

L'une des particularités des temples d'Ajunta est la décoration des parois par des fresques que M. Le Bon attribue au IVe siècle de notre ère, et qui sont, pour la peinture hindoue, des documents très précieux. Les types des figures et les costumes permettent un rapprochement entre ces fresques et les peintures byzantines.

Les monuments bouddhiques primitifs ne sont pas seulement des hypogées comprenant des temples (chaïtyas) et des monastères. Mais un seul temple bouddhique édifié à ciel ouvert a été conservé, grâce à des restaurations successives qui l'ont malheureusement dénaturé : c'est celui de Bouddha-Gaya, construit, dit-on, là où Bouddha s'était élevé à la sagesse suprême. M. Le Bon attribue à l'emploi de matériaux peu résistants, brique ou bois, la ruine des autres temples.

D'autres édifices subsistent encore. Ce sont les « stupas ou topes », monuments commémoratifs en forme de tumuli, qu'entourait une clôture à jour percée de portes et enrichie par la sculpture. Il en existe un presque intact à Sanchi, dans le royaume de Bhopal. Sa clôture lapidaire, dont tous les détails semblent empruntés à la construction de bois, daterait du premier siècle de notre ère, mais le tumulus serait contemporain du règne d'Asoka (fig. 78). Le stupa était toujours construit en briques; celui de Sanchi est de forme hémisphérique. Ce qui est remarquable à Sanchi, c'est la disposition des portes reproduisant en pierre l'arrangement des portiques chinois en bois à poteaux surmontés de triples traverses. On peut en conclure à l'ancienneté des relations de la Chine et de l'Inde, qui ne furent pas seulement unies par les mêmes croyances, et dont les arts semblent, à l'origine, avoir de grandes analogies.

Les grand temples construits à ciel ouvert appartiennent à la période néo-brahmanique, et caractérisent la construction pyramidale par assises de pierre retraitées qui semble traduire en pierre un empilage de plateaux de bois posés sur cales. Mais si le principe de la construction est simple, la richesse du décor qui se développe sur chaque assise donne à ces masses de pierre la plus somptueuse apparence. Les grands temples qui caractérisent le mieux l'art du Ve et du VIe siècles sont ceux de Bhuwaneswar. Ils ont extérieurement le profil ovoïdal qui convient à toutes les constructions en encorbellement. Leur surface est décomposée par une série de piliers que sectionnent des moulures à profils aigus couvertes d'ornements, et comprenant entre elles des panneaux surchargés de sculptures et de bas-reliefs, au point qu'il n'existe pour l'œil aucun repos.

Ces temples sont au nord-est de l'Inde, dans la province d'Orissa. D'autres subsistent à l'ouest dans le Rajpoutana ou Radjesthan, dont les

Fig. 82. — Bas-reliefs des murs de galerie d'une cour intérieure au temple d'Angkor-Vaht (Siam).

habitants, les Rajpouts « Fils de Rois », appartiennent à une des plus anciennes races de l'Inde. Ce territoire est compris entre l'Indus, le Pendjab et les Etats Mahrattes.

C'est à Khajurao, ville abandonnée et peuplée aujourd'hui d'animaux sauvages, que s'élèvent sur une terrasse des temples construits pour la plupart vers le xe siècle, et sur des plans à peu près identiques. On accède au

FIG. 84. — Linteau de porte et colonnes soutenant ce linteau au temple de Mibaume (Siam) (1).

temple par une entrée monumentale, donnant accès à une galerie qui contourne deux salles dont l'une est le sanctuaire. Ces galeries, fermées à la partie inférieure, sont formées de supports isolés dont les intervalles donnent passage à la lumière. Le plan a la forme d'une double croix correspondant aux deux salles principales qu'entourent les galeries de bas-côtés. Sur les salles et les galeries s'elèvent des toitures curvilignes de pierre formant à l'intérieur des voûtes construites, suivant le système oriental, par assises horizontales. Ce qui frappe, c'est la profusion des sculptures, et, particulièrement, de celles qui couronnent les chapiteaux de colonnes ou de piliers.

L'Inde devait être couverte de monuments, si l'on en juge par l'importance des ruines qui subsistent encore après les destructions datant de la conquête musulmane et aussi après les tremblements de terre.

Au mont Abou, dans le Rajpoutana, les temples consacrés au culte de Jaïna sont construits en marbre blanc, et les photographies prises par

(1) Les figures 82 à 89 sont reproduites d'après les documents gracieusement communiqués par M. L. Delaporte.

M. Le Bon, nous révèlent la prodigieuse accumulation de sculptures qui, pour ne citer que deux édifices, les temples de Vimalsha et de Vreypal-Teypal, édifiés du XI^e^ au XIII^e^ siècle, se développent sur la voûte intérieure du sanctuaire et sur les piliers et plafonds des galeries qui y aboutissent.

Les piliers qui portent le dôme au temple de Vimalsha sont de forme octogonale à la base, et la sculpture qui les enrichit se poursuit sur toute la surface du dôme. Le plan est de forme rectangulaire, et sur les faces du rectangle font saillie de petites chapelles contenant des effigies du saint.

Les formes de l'architecture religieuse sont constamment modifiées, mais la tradition maintient, même pour ces temples de marbre, le souvenir des combinaisons de charpente, et ce souvenir s'accuse nettement dans la disposition des colonnes du sanctuaire du temple de Vreypal-Teypal. Celles-ci, élevées par tambours, portant chacun une décoration différente, sont couronnées par des chapiteaux à quatre consoles sur lesquelles s'appuient des liens festonnés soulageant au milieu de leur portée les architraves des plafonds. Suivant le principe de la construction en bois, la colonne se prolonge au-dessus des liens et se couronne encore par des corbeaux formant soutiens pour les pièces horizontales.

L'exubérance des sculptures donne à ces salles un aspect de richesse qu'on ne retrouve dans aucune autre architecture.

Une autre ville déserte, Nagda, voisine d'Odeypour, n'est pas moins riche en monuments, dont la sculpture est comparable à celle des édifices du mont Abou. Malgré la variété du décor, certains éléments essentiels se retrouvent dans ces édifices qu'on croit pouvoir faire remonter au X^e^ siècle. C'est au milieu des jungles, dans des eaux stagnantes, que se dressent encore les colonnes des portiques. Le temple de Banka (fig. 79) est l'un des plus remarquables. On y trouve, ce qui est rare dans les monuments hindous, un parti de composition franchement accusé. Une frise sculptée, interrompue par des niches abritant les figures principales, soutient une paroi divisée par des cadres moulurés horizontaux et verticaux dont les intervalles sont évidés par une série d'ouvertures très petites rappelant les divisions des moucharabiehs. Mais toute la décoration est comprise dans un encadrement de pilastres sculptés qui, malgré la richesse du décor, laisse apparaître les grandes lignes de la construction.

Les caractères de l'architecture changent avec les régions. Dans le centre de l'Inde sont encore des temples souterrains. Mais ils ne sont pas consacrés au culte bouddhique comme ceux de Karli ou d'Ajunta. Les uns, comme celui de l'île d'Elephanta, appartiennent au culte brahmanique ; d'autres, comme ceux d'Ellora, étaient consacrés aux deux cultes : ainsi s'explique, suivant M. Le Bon, l'absorption graduelle du Bouddhisme dans le Brahmanisme.

C'est pendant une période de trois cents ans, du VI^e^ au IX^e^ siècle, qu'ont été construits les temples d'Ellora. Bouddha y est entouré de divinités

Fig. 83. — Sanctuaire du temple d'Angkor-Vaht (Siam): Tour centrale et galeries joignant les tours d'angle.

parmi lesquelles figurent Indra, dieu du ciel, Kali, déesse de la mort, Sarasvati, déesse de la science, épouse de Brahma.

Quelques temples sont à ciel ouvert, mais les plus nombreux sont souterrains. L'arc en fer-à-cheval qui accusait l'entrée des temples bouddhiques a été abandonné. L'entrée s'accuse par des portiques à plusieurs étages dont les parties pleines sont décorées d'éléphants semblant soutenir les murs d'appui.

Fig. 85. — Salle à la jonction de deux galeries, au temple d'Angkor-Vaht (Siam).

Ainsi s'ouvre dans la colline le temple d'Indra, consacré au culte jaïnique, très voisin du culte bouddhique. Ce temple daterait du VIe siècle. Les figures sculptées en bas-relief sur les parois sont très remarquables et semblent accuser l'époque la plus brillante de l'art hindou.

Le Kaïlasa (fig. 80) n'est pas un temple souterrain ; c'est un monolithe taillé dans la masse de la montagne et se reliant par des ramifications avec les hypogées qui y sont creusées.

Il est ainsi édifié dans une sorte de cour dont le rocher lui-même forme la clôture. L'édifice entier, sorte de grande salle entourée de chapelles, semble avoir pour supports des lions, des éléphants et des animaux fantastiques. Il est dédié à Siva, le Dieu de la vie et de la mort, qui symbolise l'évolution des êtres.

Quant aux détails de l'ornementation, il semble que l'imagination en délire des artistes hindous se soit donné libre carrière, peuplant les parois des temples de divinités farouches ou souriantes, de monstres, d'animaux féroces, de bayadères, etc. On comprend l'impression extraordinaire que doivent conserver les voyageurs après une visite aux temples d'Ellora.

Celui d'Eléphanta (fig. 81), consacré au culte brahmanique, remonterait au VIIIe siècle. Les colonnes qui supportent par l'intermédiaire de semelles les poutres simulées de pierre, y sont décorées par de fines cannelures qui se prolongent sur le gros tore formant le chapiteau de la colonne. Au fond du temple est la trinité brahmanique, sous forme d'un buste à trois têtes. Des statues gigantesques adossées aux piliers sont interprétées comme étant celles de Siva et de son épouse Parvati. Elles appartiennent, comme les statues d'Ellora, à la plus belle époque de la sculpture dans l'Inde.

L'histoire de la région méridionale de l'Inde est encore moins connue que l'histoire de la région septentrionale jusqu'à l'invasion musulmane, c'est-à-dire jusqu'au XIII siècle. Cette partie de l'Inde était divisée en plusieurs royaumes, dont la prospérité est attestée par les monuments, et notamment par les grandes pagodes qui, à partir du Xe siècle, sont les édifices caractéristiques de la région. Ils ont été précédés de monuments souterrains antérieurs au VIe siècle, et de bas-reliefs rupestres dont les plus célèbres, représentant le combat de Durga et du monstre à tête de buffle, sont à Mahavellipore, la ville des sept pagodes, œuvre des génies suivant les légendes hindoues. Là en effet s'élèvent des temples monolithes qui ont été les prototypes des grandes pagodes. Les colonnes de leurs portiques ont encore des formes dérivées de celles des constructions en bois.

Un temple souterrain brahmanique, datant de la fin du VIe siècle, existe à Badami, dans le Dharwar. Il est précédé de galeries dont les piliers assez espacés laissent pénétrer le jour à l'intérieur du temple. On y voit Vishnou assis, dans l'attitude de Bouddha, sur un serpent dont les multiples têtes entourent comme d'un nimbe la tête du dieu.

Une lacune de près de quatre siècles sépare les temples souterrains des grandes pagodes, dont les dispositions générales se rattachent à un même type. La pagode est entourée d'une ou plusieurs enceintes rectangulaires qui ont sur chaque face une porte pyramidale « gopuram », ayant l'importance du pylône des temples égyptiens. Lorsque le temple s'est agrandi, on a construit de nouvelles enceintes entourant les premières, et dans lesquelles ont été comprises les habitations pour desservants et d'autres dépendances du culte. Dans l'enceinte de la pagode est le lac sacré pour les ablutions.

Des vestibules à colonnes « mantapams » et des salles hypostyles « choultries » précèdent les sanctuaires. Ceux-ci, généralement de dimension restreinte et accessibles seulement aux personnages des plus hautes castes, sont, comme les « gopurams », surmontés d'une haute pyramide. L'élément constitutif de chaque étage est un petit pavillon à colonnes surmonté d'un dôme, dont la répétition contribue à l'effet caractéristique des façades. Ces pagodes, véritables tours à étages, ont conservé, presque sans changement autre que des changements de style, leur ordonnance générale du xe au XVIIe siècle. L'une des plus anciennes et des plus complètes est celle de

FIG. 86. — Linteau de la porte principale et chapiteau d'un pilier de la galerie y accédant au temple d'Angkor-Vaht (Siam).

Chillambaram, dédiée à Siva. Les statues en grès fin sculptées sur les parois des piles et des colonnes ont une réelle valeur artistique. La pagode de Tanjore, à peu près contemporaine, n'est pas moins richement ornée. Malgré les répétitions d'éléments décoratifs et de saillies uniformes, les façades de la pagode de Tanjore, avec leurs pilastres, leurs fenêtres et leurs niches, ont assez grand air; c'est un aspect nouveau de l'architecture hindoue, pour la période qu'on pourrait appeler moderne, puisque les dispositions les plus anciennes ont été conservées pendant plusieurs siècles.

Une des plus vastes pagodes de l'Inde méridionale est celle de Madura, l'ancienne capitale des rois Pandyas. Si l'on songe qu'elle dut être construite au XVIIe siècle, comme celle de Sriringam, on est frappé de la persistance des mêmes dispositions dans les pagodes hindoues, et de l'influence qu'exerçaient encore sur la sculpture de cette époque les formes décoratives et les créations de l'art persan. La même observation s'applique aux piliers surmontés de monstres qui soutiennent les plafonds du temple de Trichinopoly, voisin de celui de Sriringam, célèbre par ses sculptures extravagantes et spécialement par les chevaux cabrés sculptés sur ses piliers.

L'art de l'Indo-Chine, malgré d'évidentes analogies avec l'art de l'Inde, s'en distingue par la subordination toujours logique du décor même le plus riche à la structure. Il en résulte, pour des édifices considérables tels que le temple d'Angkor-Vaht, un aspect tout différent de celui des temples hindous.

La disposition générale du plan est caractéristique. L'édifice est construit au milieu d'un parc, protégé par des fossés remplis d'eau que limitent des murs de grand appareil couronnés, en avant de l'entrée, de balustrades; ces fossés sont prolongés par un lac sacré que traverse un pont monumental d'où partent des escaliers descendant jusqu'à l'eau. Une large chaussée dallée annonce de loin l'entrée du temple d'Angkor-Vaht ; des édicules placés de part et d'autre de cette chaussée, et qu'on croit être des bibliothèques, arrêtent d'abord les regards qui se dirigent ensuite vers une galerie transversale, longue de 250 mètres, formant l'entrée monumentale du parc au milieu duquel s'élève le monument. Dans cette galerie étaient ménagées cinq grandes portes, trois correspondant à l'allée centrale, et deux aux allées latérales, utilisées pour les chars et les éléphants.

Après avoir franchi ces portes, on suit une avenue plantée d'arbres conduisant à l'enceinte du sanctuaire, enceinte rectangulaire formée de galeries qui sont ajourées vers l'extérieur et fermées intérieurement par des murs décorés de bas-reliefs; dans ces murs sont évidées des fenêtres garnies de claustra à profil de colonnettes tournées (fig. 82). Suivant une tradition dont l'origine est sans doute en Chaldée, et dont on reconnaît l'influence dans l'art persan de l'époque sassanide, c'est sur un soubassement aux robustes moulures que s'élèvent les galeries correspondant à des cours intérieures dont les niveaux se relèvent pour s'accorder avec de nouvelles galeries enveloppées dans la première enceinte et qui s'étagent encore pour aboutir à l'esplanade sur laquelle se dressent les tours d'angle et la tour centrale qui correspond au sanctuaire principal (fig. 83).

En fait, ce sanctuaire, de forme carrée à la base à Angkor-Vaht, ou de forme circulaire à Baïon, grand temple de la ville sainte de Brahma, Angkor-Thôm, est le noyau autour duquel se groupent toutes les dépendances du temple, et, en premier lieu, les quatre tours d'angle ; elles sont reliées entre elles par des galeries disposées sur plan rectangulaire, et celles-ci sont rattachées à la cour centrale par d'autres galeries en forme de croix aboutissant au milieu de chaque face.

Pour que ce magnifique ensemble ne risque pas d'être masqué par les enceintes successives, la partie supérieure du temple s'élève tout entière sur une esplanade dominant par d'immenses degrés les cours inférieures.

Fig. 87. — Galerie double, voûtée en encorbellement, au temple d'Angkor-Vaht (Siam).

Celles-ci sont encore limitées par des galeries rectangulaires aux angles desquelles sont des tours qui, situées à un niveau inférieur, participent à la silhouette générale. De ces nouvelles galeries partent dans la direction de l'entrée trois portiques rejoignant la troisième enceinte, celle qui a vue vers l'extérieur par des galeries ajourées.

Ces dispositions vraiment magnifiques du temple d'Angkor-Vaht ont été révélées par la publication que fit, en 1880, M. le lieutenant de vaisseau Delaporte, qui avait été le compagnon de Francis Garnier lors de la première exploration du Mékong (1866-1868), dirigée par le commandant Doudart de

Lagrée, et qui, en 1873, dirigea la mission grâce à laquelle nous pouvons maintenant apprécier les œuvres grandioses de l'art khmer.

Autant l'art hindou, celui du moins que nous connaissons par des œuvres de date récente, paraît manquer des qualités d'oppositions et de goût qui contribuent à la perfection artistique, autant ces qualités sont éminentes dans la décoration des monuments anciens de l'Indo-Chine. Ainsi, suivant une application très juste du décor à la construction, le décor d'un linteau de porte est limité à la pierre qui comprend ce linteau ; et les supports, colonnes ou piliers, accusent par leurs profils la fonction de chacun des éléments de leur structure (fig. 84).

S'agit-il de disposer à couvert des escaliers dans des galeries se coupant à angle droit, ces galeries s'élargissent par redans successifs avant leur point de rencontre, et la disposition très originale et très logique qui en résulte facilite l'établissement de toitures en pierre à ressauts, imitant par leurs cannelures les divisions des couvertures en tuiles courbes, mais étudiées de telle sorte que chaque ressaut corresponde à la pente du comble, afin d'en faciliter les amortissements sur les murs transversaux (fig. 85).

Il y a même dans les moulures de base et de chapiteau des piliers, ou dans les profils de corniche et de soubassement, des détails qui semblent dérivés des arts anciens de l'Egypte, de la Perse, à côté de formes caractéristiques des arts d'Extrême-Orient, et qui sont une indication pour la double influence persane et chinoise à laquelle semblent dues les œuvres de la civilisation khmer (fig. 86).

Dans des monuments de moindres dimensions, les rapports entre l'art de l'Indo-Chine et celui de la Chaldée apparaissent plus nettement encore.

Aucun édifice ne peut mieux aider à la reconstitution des tours chaldéennes que l'édifice pyramidal de Pimanacas, actuellement découronné et réduit à ses soubassements étagés en retrait les uns des autres, mais dont M. Delaporte a donné dans son livre une intéressante restitution.

Le caractère particulier de la construction, c'est l'encorbellement. Toutes les galeries sont couvertes par des voûtes en pierre construites par superposition d'assises à lits horizontaux et n'exerçant en conséquence aucune poussée (fig. 87).

Chacune de ces assises s'accuse à l'extérieur par le tracé des tuiles, tandis qu'à l'intérieur les douelles sont taillées suivant deux branches d'arcs se raccordant au sommet sur le lit horizontal de l'assise de couronnement. Le mode d'établissement des coupoles couronnant les tours n'est pas moins intéressant. Il correspond à l'emploi de piliers ou contreforts préparant par leur superposition et les ressauts de leurs corniches le passage du plan polygonal au plan circulaire.

Quant à la décoration, elle témoigne du goût le plus délicat. S'agit-il d'orner par la sculpture les piliers intérieurs d'une galerie, c'est le bas du pilier qui seul est décoré par des bas-reliefs représentant des saints ou des prêtres dans l'attitude de la prière. S'agit-il des galeries extérieures, les piliers isolés portant les toitures n'ont d'autre décor que les moulures ornées, et c'est sur les murs de fond, abrités par le comble, que le sculpteur trace les charmants

Fig. 88. — Face de Brahma, sur l'une des tours du temple de Baïon, à Angkor-Thôm (Siam).

groupes de bayadères comprises dans un décor ornemental qui semble dérivé de celui des tissus (fig. 82).

Sans doute l'imagination orientale, et plus encore l'inspiration religieuse, fournissent au sculpteur des thèmes singuliers, groupes de danseuses superposés dans les bas-reliefs des frontons, amortissements de ces frontons simulant des serpents à plusieurs têtes, colosses accroupis longeant les balustrades et tenant dans leurs bras nerveux les appuis qui simulent des corps de serpents, lions accroupis ou debout sur les piédestaux des balustrades ou des escaliers, faces de Brahma sur les tours au temple de Baïon (fig. 88).

Mais malgré les écarts d'imagination, le décor s'applique là où il est utile, sans rompre, comme cela a lieu trop souvent dans l'Inde, les grandes lignes de l'architecture, et si l'éléphant (fig. 89) prend sur le bas-relief la place qu'occupe, en Assyrie ou en Perse, le cheval ou le lion, l'idée des animaux se suivant pour former frise est la même et l'effet décoratif presqu'aussi puissant.

Les monuments de l'Indo-Chine sont presque tous consacrés au culte bouddhique. Ils sont mentionnés, dès le XIII^e siècle, par un officier chinois

Fig. 89. — Frise d'éléphants longeant une terrasse (Siam).

qui eut à remplir une mission diplomatique dans le pays, qui s'appelait alors Tchin-La, et qui dépendait de la province de Fou-Nan. C'est vers le VII^e siècle que la Cochinchine s'était séparée de la Chine, adoptant comme l'Inde la religion et l'écriture des Brahmanes. L'officier chinois mentionne les ponts en pierre qui donnent accès aux portes de la capitale, les têtes de Bouddha à plusieurs faces, celle du milieu portant une coiffure d'or, les éléphants sculptés sur la pierre près des entrées, les serpents et les lions. Il mentionne aussi le lac sacré voisin de la ville. Ces descriptions ont été confirmées par la découverte de l'ancienne capitale des Khmers, du temple de Baïon à Angkor-Thôm, et de la pagode royale d'Angkor-Vaht.

C'est dans la région comprise entre la Cochinchine et le Siam que sont groupés les monuments, les uns construits en briques cuites, les autres en pierre de Bien-Hoa, de couleur jaunâtre, et en grès rosé. La brique n'était employée que pour des monuments secondaires, sauf dans les parties du Cambodge où la pierre fait défaut. Les blocs de pierre et de grès ayant servi à la construction des murs sont d'assez grandes dimensions et en général bien appareillés.

Les temples étaient compris dans des enceintes rectangulaires, et généralement leur grand axe était dirigé de l'est à l'ouest. Quelques-uns de ces monuments s'étagent en terrasses superposées, accessibles par des escaliers. D'autres, au contraire, se développent dans plusieurs enceintes que relient des galeries médianes partant de la tour centrale pour aboutir aux portes. Celles-ci sont de véritables arcs de triomphe surmontés de tours pyramidales.

On considère comme des tombes royales les pyramides isolées (preasats).

Des monuments de moindre importance, nombreux dans la région d'Angkor, n'ont qu'une enceinte au milieu de laquelle est un piédestal portant une statue de Bouddha.

D'après les édifices similaires de l'Inde, il semble que l'art khmer ait dû atteindre son apogée entre le v^e^ et le viii^e^ siècle de notre ère.

Les origines de cette civilisation, qui fut très brillante, sont encore très mal connues. Elle paraît, si l'on en juge par l'emplacement des ruines, s'être étendue principalement au Siam et au Cambodge, et si on compare ses monuments à ceux de l'Inde et de la Chine, il semble bien qu'on y trouve deux influences : celle qui, venant de la Perse, s'est étendue à tout l'Orient, et celle qui, due à la Chine, a tempéré l'imagination parfois déréglée des décorateurs hindous en les assujettissant à des règles de construction raisonnée déduites des principes de la construction en bois.

## L'ART CHINOIS

Bien que séparée de l'Inde, la Chine semble avoir été, comme elle, initiée de bonne heure aux civilisations anciennes de la Chaldée et de la Perse. La communauté de religion pendant la période bouddhique dut aider encore à l'établissement de relations plus étroites entre l'Inde et la Chine, et il semble que, dans les deux pays, l'art se soit d'abord appliqué à des constructions de bois et de briques dont les formes sont constamment reproduites dans les constructions de pierre.

Un pays récemment exploré par M. Le Bon, le Nepal, qui, par sa situation géographique, est demeuré indépendant, protégé par les contreforts de l'Himalaya, mais qui occupe une situation intermédiaire entre l'Inde, le Tibet et la Chine, a conservé des monuments d'un intérêt exceptionnel, les uns anciens, les autres quoique plus récents, dérivés de traditions anciennes, et aidant ainsi à combler les lacunes que les destructions dues aux conquêtes et les tremblements de terre ont faites dans les monuments hindous.

Il semble que, par un phénomène analogue à celui qui résulta de l'invasion dorienne en Grèce, l'art un peu rude des populations du nord de l'Asie ait contribué à élaguer, dans une certaine mesure, l'exubérance du décor oriental né en Chaldée, et dont l'influence s'exerça sur la Perse et l'Ionie aussi bien que sur l'Inde. Au Nepal, comme en Chine, la race primitive est la race mogole, caractérisée par la forme de la tête, par les yeux bridés, par les

Fig. 90. — Temple dont les piliers reproduisent en pierre la décoration des poteaux des pagodes de bois à Bhatgaon (Népal) (1).

pommettes saillantes, et cette race guerrière, qui, à plusieurs reprises, envahit l'Europe, n'a jamais été réfractaire à l'art.

Les Scythes, qui appartenaient à cette race, furent, dans les premiers siècles de notre ère, les propagateurs de l'art grec en Asie, et c'est peut-être pendant

(1) Les figures 90, 91, 92, sont extraites des *Monuments de l'Inde* de M. G. Le Bon.

la durée de l'empire mogol que furent élevés dans l'Inde les monuments les plus magnifiques de l'art musulman, qui répandit dans toute l'Asie, dans le nord de l'Afrique et jusqu'en Europe, les dispositions monumentales et

Fig. 91. — Pagode en bois et briques sur soubassement de pierre à Bhatgaon (Népal).

le magnifique décor de terre émaillée, que la Perse tenait de la Chaldée.

Le Népal doit à son isolement d'avoir conservé des monuments qui nous renseignent sur le travail du bois, sur celui du métal repoussé formant le revêtement des portes des palais, sur l'usage de la brique, sur un mode de couverture en tuiles ondulées se recouvrant, qui est encore employé en Chine et au Japon.

Par la construction de la grande muraille, que l'on fait remonter aux premiers siècles de notre ère, la Chine, en voulant se protéger contre les incursions de ses voisins, est demeurée presque fermée pour nous. Nous ne connaissons pas ses monuments, mais nous savons par la perfection des produits de son commerce, par ses porcelaines aux colorations chatoyantes de grand feu, par ses tissus de soie, par ses broderies plus riches encore que

Fig. 92. — Temples et colonnes sur la place du Palais du roi à Bhatgaon (Népal).

celles qu'exécutent les Japonais, élèves des Chinois, que la Chine a possédé un art très complet à une époque ancienne où elle était en rapport avec l'Inde bouddhiste. Or, au Népal, on trouve des « stupas » ou « tumuli » élevés en l'honneur de Bouddha analogues à ceux de l'Inde, et notamment à celui de Sanchi, dont la clôture de pierre reproduit les dispositions les plus caractéristiques du travail du bois.

M. Le Bon signale à Bhatgaon deux monuments voisins, dont l'un est un temple de pierre (fig. 90) et l'autre une pagode de bois (fig. 91). Or si l'on tient compte des différences de proportions dues aux différentes matières, les formes et les ornements sculptés de la pierre sont exactement ceux du bois. Ainsi s'explique comment, par transitions insensibles, les monuments lapidaires ont succédé dans ces régions aux monuments de bois lorsqu'on voulut appliquer à la construction d'édifices importants une matière durable.

Le bois est cependant demeuré la matière préférée dans les régions volcaniques ou exposées aux tremblements de terre telles que le Japon et une partie de la Chine. On y connaît si bien l'avantage des constructions en bois qu'on évite de sceller les poteaux, et qu'on les fait simplement reposer sur les maçonneries qui les portent, afin de parer aux dislocations pouvant résulter des mouvements du sol.

Au Népal, où la population est mélangée d'Hindous réfugiés dans cette région lors des invasions de l'Inde, certains édifices construits en pierre se rapprochent par les formes des temples hindous de la période néo-brahmanique, mais les monuments les plus intéressants sont ceux qui procèdent de l'emploi du bois et des petits matériaux.

L'un des caractères de cette architecture, c'est la grande saillie des auvents de charpente, portés en encorbellements sur des liens ou consoles.

Pour les temples, la construction en est étudiée de telle sorte que ces auvents s'étagent en retrait les uns des autres au-dessus de galeries de bois dont les poteaux, quoique couverts de sculptures, ont, aussi bien que les autres pièces, semelles, poutres ou écharpes, les formes qui conviennent aux qualités du bois. Le même mode de construction et les mêmes matériaux sont mis en œuvre pour les palais et les maisons construites à plusieurs étages. Mais celles-ci s'élèvent verticalement, ne comportant d'autres saillies que celles des galeries ou vérandas abritées par des auvents. Les fenêtres sont closes par des treillis de bois assimilables aux clôtures des maisons du Caire, ou aux claustra des monuments khmers.

Sans doute la date récente de ces constructions rend difficile une appréciation sur l'origine des thèmes décoratifs et du style; mais dans des pays aussi isolés les traditions se maintiennent pendant des siècles, et il y a tout lieu de penser que les édifices actuels de bois et de briques reproduisent plus ou moins fidèlement les dispositions d'édifices antérieurs. On peut croire avec M. Le Bon que le Népal en est à la période de transition où se trouvait l'Inde tout entière avant l'ère chrétienne, et déduire, sans que l'hypothèse semble excessive, l'art ancien de l'art actuel.

Les photographies prises par M. Le Bon au cours de son voyage nous montrent les places principales des villes du Népal bordées de constructions très pittoresques, aux couvertures inclinées, ainsi qu'il convient dans des pays pluvieux, et aux silhouettes élégantes résultant des saillies d'auvents et des encorbellements des pans de bois (fig. 92).

Le climat et les matériaux imposent à l'art certaines dispositions et certaines formes qui aident à de singuliers rapprochements entre des œuvres séparées par le temps et l'espace. Le palais du roi à Bhatgaon, avec ses deux étages de soubassement en briques, percés d'ouvertures qu'encadrent des poteaux, des appuis et des linteaux de bois sculpté, et surmonté d'un étage de pans de bois en encorbellement, éveille le souvenir des anciennes maisons de bois du moyen âge qu'on voit encore en Normandie.

La grande pagode de la même ville s'élève sur un soubassement à gradins construit en pierre, dont le milieu est occupé par un escalier que gardent des statues de dieux assis, des éléphants et des lions. La pagode est une salle dont les murs construits en briques forment un noyau servant de

Fig. 93. — Monument pyramidal à Uxmal (Yucatan).

soutien aux étages superposés, formés d'auvents établis en retrait les uns des autres. Le premier de ces auvents, dont la saillie est presque égale à la hauteur de l'étage, est porté sur des consoles couvertes de sculptures. Elles prennent appui sur des pièces horizontales, que soutiennent, par l'intermédiaire de larges semelles, des poteaux fort élégants et chargés aussi de sculptures.

C'est sur la place du palais que sont les temples et aussi des colonnes ou piliers monolithes, surmontés d'un chapiteau en forme de corbeille portant une statue agenouillée et qui ajoutent encore à l'effet très pittoresque de cette place (fig. 92).

A Patan, qui fut l'une des anciennes capitales, le palais royal et les temples sont groupés à peu près de même. Le grand temple de pierre consacré au culte brahmanique a son sanctuaire couronné par une tour pyramidale ayant quelque analogie avec celles des temples hindous. Il s'élève sur un magnifique soubassement et est entouré de galeries à trois étages. Là encore les détails les plus intéressants sont ceux des galeries et particulièrement des piliers de bois du palais, dont les moulures très fines, passant par transitions insensibles du plan carré au plan circulaire, s'accordent avec des sculptures prises dans la masse, si bien que là le décor s'harmonise absolument avec la

FIG. 94. -- Palais (?) à Chichen-Itza (Yucatan).

construction, témoignant d'une logique qui fait trop souvent défaut aux monuments de l'Inde.

Autant qu'on en peut juger par l'art du Népal, c'est le bois qui a déterminé à l'origine les formes de l'architecture dans l'Asie orientale, et l'abondance des bois résineux faciles à travailler indique suffisamment la raison qui fit préférer tout d'abord le bois aux matériaux lapidaires. En Chine et au Japon, les bois à tiges creuses, les bambous, se prêtaient à des combinaisons d'assemblage différentes de celles des bois pleins, exigeant des ligatures qui, pour une croupe, par exemple, ne permettaient pas d'établir dans le même plan les arêtiers et les sablières et créaient ainsi pour le chevronnage une surface gauche tendant au relèvement de ces chevrons sur l'angle et conduisant naturellement aux formes de combles retroussés qui paraissent avoir été d'usage constant dans les deux pays.

La Chine, comme l'Inde, semble avoir traité la sculpture sur le bois et la pierre à la façon d'une broderie, et c'est aussi par l'Inde que se sont transmis les types d'animaux fantastiques qui caractérisent la sculpture d'Extrême-Orient, du moins celle que nous connaissons.

Si l'on ajoute foi aux anciennes annales chinoises, l'influence de la Chaldée pourrait s'être exercée directement dès le xe siècle avant notre ère. A cette époque, l'empereur Mou-Wang aurait traversé l'Asie centrale et conquis la Chaldée. Il y aurait vu les temples en forme de tours, qui auraient été les modèles des sanctuaires à terrasses dont semblent dérivées les pagodes à étages.

On expliquerait ainsi l'initiation des Chinois au procédé de l'émaillage pratiqué depuis longtemps en Egypte et en Chaldée. La Chine aurait même bénéficié des enseignements philosophiques de la religion chaldéenne, qui auraient inspiré les doctrines de Lao-Tseu et de Confucius, vers le temps où celle de Çakia-Muni se propageait dans l'Inde. Mais avant l'ère chrétienne, la Chine adoptait le bouddhisme qui, même après la résurrection du brahmanisme dans l'Inde, demeura la religion de la Chine et du Japon. Les monuments religieux de ces deux pays semblent tous appartenir au culte bouddhique, et c'est seulement par des détails de style que se distingueraient les monuments des anciens cultes, par exemple au Japon ceux du culte sintho.

La Chaldée, qui fut le berceau de l'art asiatique, avait donc étendu son influence jusqu'aux extrêmes limites de l'Asie, et si l'on admet comme possible l'arrivée par mer dans l'Amérique centrale d'asiatiques venus par le nord, ou jetés par les courants marins sur les côtes du Mexique, on pourrait expliquer les formes pyramidales des temples que M. Désiré Charnay découvrit au Mexique et dans le Yucatan. Ces édifices, construits en pierre et décorés de bas-reliefs, reproduisent les formes des constructions de charpente montées par empilages. Le monument d'Uxmal (fig. 93), véritable tour pyramidale à étages, en est un type caractéristique. A Chichen-Itza, la face de l'édifice est chargée de bas-reliefs à décor géométrique où s'intercalent comme dans l'Inde et le Siam des serpents enlacés (fig. 94). Faut-il ne voir là qu'une similitude de formes correspondant chez différents peuples à un même état de civilisation? Faut-il, au contraire, attribuer à une influence étrangère les monuments qui sont localisés dans une région très limitée de l'Amérique, qui ne se rattachent à aucun mode de construction pratiqué dans tout le reste du continent américain, et qui, malgré bien des imperfections de détails, semblent accuser quelque habileté chez les artistes qui sculptaient, au milieu d'ornements géométriques, des serpents et des animaux monstrueux éveillant le souvenir des monstres sculptés de la Chine et de l'Inde? Les deux hypothèses sont admissibles.

Ce qu'on ne saurait en tout cas contester, c'est l'influence considérable qu'ont exercée sur tous les arts de l'antiquité les arts de l'Egypte et de la Chaldée. En Asie, cette influence s'est transmise à travers l'Inde jusque dans l'Extrême-Orient. En Europe, elle s'est étendue aux civilisations primitives des côtes et des îles de la mer Egée. Les Phéniciens l'ont propagée sur les côtes d'Afrique, en Italie et en Espagne, et elle est apparente dans les premières manifestations de l'art grec (fig. 95).

Fig. 95. — Tête de style gréco-phénicien (?) trouvée à Elche (Espagne).

# L'ART GREC

## LES ORIGINES — L'ART EGÉEN

L'ART grec a tenu, et tient encore, une si grande place dans l'histoire, qu'on serait disposé à le considérer comme l'expression d'une civilisation parfaite, tellement supérieure à toutes les autres, qu'elle semble ne leur rien devoir. En fait, l'art ne s'est élevé en Grèce à cette perfection que durant la période très courte où le génie hellénique, conscient de sa force, après les luttes victorieuses soutenues pour l'indépendance de la Grèce, s'affirme par des œuvres immortelles, réunissant dans une ville privilégiée, à Athènes, les plus grands artistes, les plus grands poètes et les plus grands penseurs qui aient honoré l'humanité. Il n'est donc pas surprenant que l'admiration constante et passionnée qu'on a vouée de tout temps à l'art grec ait laissé dans l'ombre ses origines modestes, dont la découverte remonte à peine à trente années.

Depuis les fouilles très fructueuses de Schliemann à Mycènes et à Tirynthe, depuis les trouvailles faites dans les îles grecques et jusqu'en Égypte, on a reconnu l'existence, sur les côtes de la mer Egée, d'une civilisation antérieure aux grandes migrations de peuples orientaux, qui eurent lieu vers le XIe siècle avant notre ère, et qui, pour la Grèce continentale, sont connues sous le nom d'invasion dorienne.

Cette civilisation primitive de l'Hellade, qu'on a d'abord appelée mycénienne, parce que c'est dans les tombes de Mycènes qu'en furent trouvés les premiers témoins, et qu'on pourrait appeler égéenne, après la découverte d'objets similaires dans les îles grecques et sur la côte asiatique, se lie aux civilisations plus anciennes de l'Egypte et de la Chaldée.

Elle semble avoir réuni, pour des entreprises communes, ces peuples de la mer ou « des brouillards » que mentionnent les inscriptions des temples égyptiens, et qui mirent plusieurs fois l'Egypte en péril sous les dynasties thébaines, entre le XVII$^e$ et le XIV$^e$ siècle avant notre ère. La découverte en Argolide et dans les îles grecques de divers objets recueillis au milieu des tombes, et portant comme marque d'origine les noms de rois thébains, ne laisse aucun doute sur les relations qui durent exister entre l'Egypte et la Grèce à ces époques lointaines.

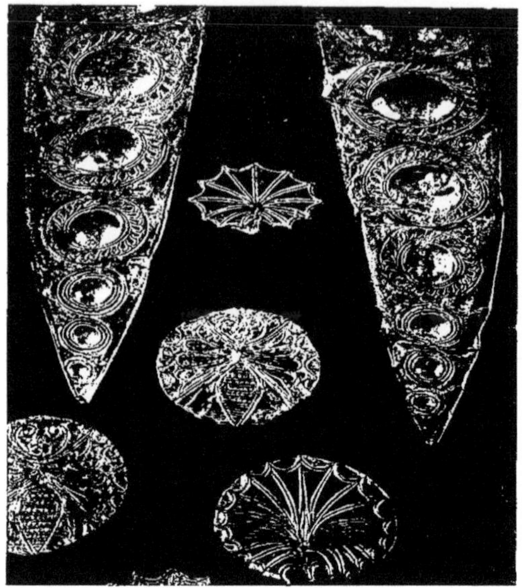

FIG. 96. — Diadèmes et disques d'or provenant des sépultures de Mycènes. Papillons et feuilles radiées.

L'étude des objets trouvés dans les tombeaux, et notamment des objets d'orfèvrerie découverts à Mycènes, fournit une preuve plus convaincante encore, de l'influence orientale dans l'art de la Grèce antique. A ne considérer que les objets d'or, on est surpris de l'habileté des orfèvres qui travaillaient le métal au repoussé, qui savaient relever en bosse le bandeau d'un diadème (fig. 96), river l'anse d'un vase, élever des cloisons sur un fond et sertir dans la feuille d'or rabattue des pierres fines ou des pâtes de verre. Or, ces méthodes de travail sont très apparentes sur les joyaux que Mariette découvrit dans les tombes royales de Thèbes. Bien plus, les princes de Mycènes, étendus dans leurs sépultures, portaient des masques et des bijoux d'or analogues à ceux qui sont sortis des tombes royales d'Egypte. On ne saurait, toutefois, méconnaître l'originalité de certains thèmes favoris des artistes mycéniens. Si sur quelques coupes le sujet est la chasse aux fauves, si le même sujet d'origine orientale est reproduit par un travail de damasquinage, c'est-à-dire d'incrustation de métaux précieux, sur les lames de bronze des poignards mycéniens, si le décor de certains vases d'or ou d'argent est le méandre curviligne affectionné par les Egyptiens et les Chaldéens, si ce décor s'applique à la fois aux plafonds d'une tombe ancienne d'Orchomène et d'un tombeau égyptien de Thèbes, on rencontre fréquemment, sur des objets d'or trouvés à Mycènes, la représentation de plantes et d'animaux marins, de papillons, de feuilles radiées; le poulpe (fig. 97) est devenu la caractéristique de l'ornementation égéenne, et on le trouve non seulement sculpté à Mycènes sur un vase de porphyre, ou ciselé au repoussé sur un disque d'or, mais encore peint à Rhodes sur un vase de terre cuite, que notre musée du Louvre a recueilli. Il semble, à considérer les vases d'or trouvés dans les sépultures de Mycènes, que toutes les formes, celle du calice, celle de l'aiguière, celle de la coupe à pied, celle du gobelet, étaient déjà en usage (fig. 98). L'originalité de la silhouette n'est pas moins remarquable que l'originalité du décor.

Fig. 97. — Vase de porphyre trouvé à Mycènes. Le poulpe.

L'homme est même figuré sur deux gobelets d'or trouvés dans une tombe à coupole de Laconie, à Vaphio (fig. 98). L'artiste l'a représenté domptant le taureau sauvage. Une tête de taureau d'argent, ayant les cornes en or et portant une étoile d'or sur le front, est parmi les plus belles pièces découvertes à Mycènes.

Les tombes explorées dans la citadelle des princes mycéniens étaient surtout riches en métaux précieux, qui, sous forme d'égides, de disques, fixés sans doute sur les étoffes, enveloppaient les corps. Les terres cuites sont plus rares, et on ne sait trop, tant le sol a été remué, s'il faut considérer comme contemporain des bijoux certain vase sur la panse duquel se développe une théorie de guerriers d'un dessin bizarre qui frise la caricature. Mais le goût pour la polychromie qui distingue toutes les civilisations d'Orient est attesté, à Mycènes comme à Tirynthe, par des fragments de peinture trouvés sur des enduits de chaux, par des pâtes de verre incrustées dans la pierre.

Sans doute l'architecture, à en juger par les découvertes de M. Dœrpfeld à Tirynthe, était encore bien rudimentaire. Cependant le principe de l'encorbellement était déjà appliqué pour des œuvres considérables, telles que le tombeau à coupole de forme conique encore visible au-dessous de la citadelle de Mycènes et improprement appelé *Trésor d'Atrée*. Ce qui frappe dans cette construction gigantesque, enfouie sous le sol, c'est le volume des matériaux employés, notamment du linteau de la porte qui donnait accès dans le tombeau et que soulageaient des piedroits montés en encorbellements afin d'écarter du linteau les charges supérieures. Cette disposition avait été encore employée pour la porte de la citadelle, dite « Porte des Lions », à cause du sujet du bas-relief qui occupe l'évidement triangulaire au-dessus du linteau. La tombe à coupole de Mycènes comprenait, outre la grande salle dont le diamètre dépasse 14 mètres, une petite salle ou chambre funéraire. La même disposition existe à Orchomène, dans la tombe voûtée qu'on appelle *Trésor de Minyas*.

La construction des voûtes par encorbellement semble avoir été appliquée de toute antiquité en Orient, et s'est maintenue à toutes les époques. C'est le mode d'exécution des voûtes byzantines ; c'est aussi celui des voûtes

Fig. 98. — Coupes d'or trouvées dans les sépultures de la citadelle de Mycènes, et gobelet d'or découvert dans une tombe à coupole de Vaphio.

persanes; mais ces voûtes étaient construites en petits matériaux, et l'adhérence des mortiers en facilitait le montage sans cintres (1).

Les murs d'enceinte, à Mycènes et à Tirynthe, étaient formés de blocs énormes posés à sec suivant un appareil irrégulier. A Tirynthe, les galeries, sortes de casemates de la citadelle, étaient voûtées par encorbellement de pierres inclinées suivant la méthode égyptienne ou orientale.

Les origines de l'art grec sont très aisément expliquées par la situation des îles voisines de la côte d'Asie.

Si l'on admet, ce qui paraît résulter des dernières fouilles, que la civilisation chaldéenne soit aussi ancienne que la civilisation égyptienne, on peut croire que les colons asiatiques qui peuplèrent les îles et les côtes ont été les propagateurs d'un art déjà assez avancé, attesté aussi bien par les œuvres d'orfèvrerie que par la structure des coupoles de pierre.

On comprend aussi que cet art ait été arrêté dans son développement lorsque l'invasion dorienne fit refluer vers les pays d'origine les premiers colons, et les remplaça par des populations plus rudes.

La guerre de Troie, qui met aux prises des peuples de même race, n'est-

(1) Il est intéressant de signaler cette persistance du système de l'encorbellement dans les voûtes françaises de pierre appareillée, exécutées sous l'influence orientale au XIIe siècle et notamment dans les pendentifs des coupoles qui, tous, sont construits à lits horizontaux et en tas de charge.

elle pas un épisode de ces luttes que soutinrent les premiers habitants de l'Ionie, contre les colons de la Grèce continentale, et ne peut-on à l'aide des trouvailles de Mycènes et de Tirynthe, reconstituer ces palais, antérieurs aux chants homériques, que la fiction poétique enrichit sans doute, mais dont le souvenir se conservait peut-être par la tradition? Mycènes, à en juger par les trésors de ses tombeaux, méritait bien le surnom de la cité « riche en or », et nous ne pouvons oublier que le Trésor d'Atrée fut jadis précédé d'un portail à colonnes et revêtements polychromes, dont les débris ont malheureusement disparu, mais existaient au temps de Blouet, lors de l'expédition française de Morée, à l'époque où ces débris passaient pour byzantins. Actuellement encore, on voit, à l'intérieur du Trésor d'Atrée, de petits trous percés dans la pierre et indiquant la place d'attaches pour un revêtement ou pour des appliques de métal.

## L'ART GREC ARCHAÏQUE

Si les fouilles récentes ont révélé en Grèce l'existence d'une civilisation contemporaine de celle des pharaons de Thèbes, nous sommes encore très mal renseignés sur la période de quatre à cinq siècles, qui sépare la fin de la civilisation mycénienne de la formation des cités en Grèce, vers le VIIe siècle avant notre ère.

Toutefois, lorsqu'on se reporte à la seule source d'information qu'on possède actuellement, c'est-à-dire à la forme et au décor des poteries, on distingue très nettement dans les ouvrages de terre cuite deux tendances différentes, l'une procédant d'un décor rectiligne, l'autre d'un décor curviligne. Le décor rectiligne semble caractériser les poteries grossières de la Grèce continentale, celles qu'on désigne sous le nom de poteries athéniennes du Dipylon, parce que les céramistes occupaient le faubourg d'Athènes voisin de la « Porte Double », près de laquelle ont été découvertes ces poteries; on les trouve aussi en Béotie et dans quelques-unes des îles grecques.

Le décor curviligne semble caractériser au contraire les poteries exécutées sous l'influence asiatique, soit sur la côte d'Asie, soit dans les îles voisines de cette côte, particulièrement à Rhodes et à Chypre.

Il semble qu'il y ait là comme un témoignage de l'existence de deux arts, l'art grec continental, l'art dorien, plus voisin de l'Egypte que de la Chaldée; l'art grec asiatique, l'art ionien, plus attaché que l'art dorien aux formes orientales. La fusion entre ces deux arts ne s'est opérée qu'au Ve siècle, après les guerres médiques, lorsque, pour un temps, Athènes victorieuse représenta sous toutes ses formes le génie de la Grèce.

Mais avant cette époque, qui marque l'apogée de l'art grec, les deux arts helléniques semblent s'être développés parallèlement. Autant qu'il est possible d'admettre une chronologie pour les poteries grecques antérieures au VII^e siècle, les vases à décor rectiligne et ceux à décor curviligne sont à peu près contemporains.

L'art ionien a-t-il précédé l'art dorien?

Cela est possible; la civilisation s'était développée en Asie Mineure, et de très importantes cités, telles que Samos, Phocée, Clazomène, Milet ou Ephèse s'y étaient élevées avant que les villes de la Grèce continentale eussent l'importance qu'elles acquirent par la suite.

D'ailleurs, dans le voisinage de l'Ionie, les royaumes éphémères de Phrygie et de Lydie avaient dû contribuer à l'essor de la civilisation naissante, et cette civilisation se rattachait sans doute à celle qui s'était développée dans la Mésopotamie.

FIG. 99. — Chapiteau cypriote trouvé à Trapeza, près de Famagouste.

Avant même la chute de l'empire assyrien, de nouveaux groupements s'étaient formés dans la Médie et aboutissaient à la constitution d'un nouvel empire, celui des Perses, qui longtemps entretint des relations d'amitié avec les cités grecques d'Asie Mineure.

Dans les sanctuaires qui, comme ceux d'Olympie ou de Delphes, réunissaient, pour certaines solennités, les peuples de même race, les monuments des diverses cités caractérisent très nettement des influences différentes dans l'art grec. A Delphes, le bas-relief du Trésor de Sicyone a tous les caractères d'un bas-relief égyptien. L'artiste procède par répétition, à l'aide d'une sorte de projection oblique faisant comprendre un cortège d'animaux en marche et d'hommes les conduisant.

Près de là s'élève le monument commémoratif des Naxiens ; c'est une colonne ionienne à volutes de style archaïque, comportant comme les colonnes persanes de nombreuses cannelures ; elle est couronnée par un emblème assyrien, le sphinx, qui a changé de sexe en passant d'Assyrie en Grèce.

La double influence de l'Egypte et de l'Assyrie s'accuse encore sur les statues découvertes à Chypre ; elles sont inspirées tantôt de modèles égyptiens, tantôt de modèles assyriens, suivant que l'île entretient des rapports avec l'Egypte, par l'intermédiaire des Phéniciens, ou qu'elle est soumise aux rois assyriens de la dynastie de Sargon.

Les monuments primitifs de l'Attique donnent, sur les origines de l'art grec, des renseignements aussi précis. Le thème oriental, la lutte du

Lion et du Taureau, apparaît sur les débris d'un fronton calcaire polychromé recueilli au musée de l'Acropole, et les colorations conventionnelles de la pierre sont assimilables à celles des émaux chaldéens. L'influence asiatique, attestée par les poèmes homériques, s'étendait en effet à l'Ionie et au littoral de la mer Egée à l'époque de la toute-puissance des rois d'Assyrie, tandis qu'au temps des princes de Mycènes, c'est l'Egypte mise en contact par des expéditions maritimes ou par le commerce avec la Crète et la péninsule hellénique qui, plus encore que la Chaldée, communiquait sa civilisation aux habitants des îles égéennes.

Fig. 100. — Plat rhodien. Interprétation linéaire de boutons et fleurs de lotus.

Les rapports entre l'Egypte et la Grèce devinrent plus étroits lorsque, sous les dynasties saïtes, les Grecs s'établirent dans la Basse-Egypte, et leur établissement semble avoir coïncidé avec les premières manifestations importantes de l'art dorien, soit dans la Grèce continentale, soit dans les colonies grecques de la Sicile et de l'Italie méridionale.

Lorsque l'on considère la configuration de la péninsule hellénique, le développement considérable de ses côtes, qui furent d'abord seules habitées, l'étroitesse de son territoire sillonné partout de hautes montagnes, on comprend que les Grecs aient formé une population maritime, qui disputa bien vite aux Phéniciens l'empire de la mer, et qui dut chercher, lorsqu'elle s'accrut, non seulement des points d'appui pour ses vaisseaux, mais encore de nouveaux territoires pour ses colons. Dès le VI$^{e}$ siècle, les colonies semblent aussi prospères que les cités d'où elles sont issues, et l'art dorien a laissé en Italie et en Sicile, à Pæstum, à Metaponte, à Syracuse, à Selinonte, à Agrigente, à Segeste, des édifices religieux aussi importants que les temples de l'Hellade.

L'art ionien s'était développé en Asie Mineure et dans les îles plus rapidement encore que l'art dorien. La volute (fig. 99), caractéristique du chapiteau rectangulaire ionien, formait le thème décoratif des bijoux assyriens et des stèles cypriotes, bien avant son application à l'architecture.

Les belles poteries rhodiennes fournissent encore sur l'influence orientale dans la Grèce asiatique de bien intéressants documents. Le décor de plats rhodiens conservés au Musée du Louvre nous montre l'ornement floral égyptien, le bouton et la fleur de lotus, transformés en un ornement linéaire, dessinant par l'alternance de feuilles aiguës et de boutons, l'ornement grec

Fig. 101. — Ornement d'un linteau de porte en marbre, provenant du Trésor de Cnide, à Delphes.

bien connu sous le nom d'ove (fig. 100), tel qu'il est encore figuré en peinture sur une moulure rampante du fronton occidental au Parthénon.

Le même ornement est sculpté sous le larmier de la corniche du Trésor des Cnidiens, que les fouilles françaises de Delphes ont récemment fait connaître (fig. 101). Il décore l'un des sarcophages, celui dit « du Satrape », découverts il y a quelques années dans une nécropole princière de Sidon. Or, cette interprétation linéaire du lotus est celle qu'avaient imaginée les artistes assyriens, et qui figure sur les seuils des portes des palais de Ninive, assimilables à des tapis d'albâtre.

La représentation en relief sur des vases trouvés soit en Béotie, soit dans l'île de Milo, de lions affrontés et d'une divinité asiatique, indique encore l'adaptation au décor des poteries de ces thèmes orientaux qui, pour la période de prospérité des îles grecques, entre le IX^e^ et le VII^e^ siècle, forment le fond du décor ionien.

Lorsque, sur les vases, l'emploi d' « engobes », c'est-à-dire d'argiles colorées, substitue au décor de relief une peinture de tons simples limités au noir, au rouge, au blanc, à l'orangé et au violet, ce sont encore les thèmes orientaux, bandes d'animaux passants, bouquetins, lions, taureaux, alternant avec des tresses et des palmettes, qui ornent la panse des vases.

Cependant la poésie grecque fournissait à l'art des thèmes originaux qui apparaissent avec les légendes divines ou héroïques sur les vases rhodiens et corinthiens dès le VIII$^{e}$ siècle, et la sculpture de bas-relief s'empare aussi de ces légendes, ainsi qu'on le constate au musée de l'Acropole sur un fronton représentant Heraclès et l'Hydre de Lerne.

Fig. 102. — Cratère corinthien, *Persée et les Gorgones*. Décor linéaire analogue à celui des chéneaux de terre cuite trouvés à l'Acropole d'Athènes. (Louvre.)

Cette période de l'art grec archaïque qui correspond à la prospérité des cités ioniennes et des îles, puis à la richesse de Corinthe, est la période de la céramique.

Non seulement les vases avec leur décor de figures noires sur fond orangé, redessinées par un trait incisé, sont fabriqués en si grand nombre qu'ils forment l'objet d'un commerce actif entre la Grèce et toutes les cités du littoral méditerranéen, mais la terre cuite, à une époque où le marbre est peu usité, où la pierre poreuse et le bois sont les principaux matériaux de construction, forme des revêtements dont les ornements sont semblables à ceux des poteries. Le Trésor de Géla, à Olympie, en a fourni de précieux vestiges.

Les fragments conservés au musée de l'Acropole et provenant des fouilles de 1886 sont encore les témoins des influences égyptienne et assyrienne dans l'art grec primitif. Un chéneau de terre cuite a la forme de la gorge égyptienne et est décoré comme elle de bandes verticales aux colorations alternées. Sur un autre fragment de corniche sont peints en noir les palmettes et les lotus, liés par des tresses, suivant la belle disposition qu'avaient imaginée les céramistes pour le décor des grands cratères, de ces vases à pied où se faisait le mélange de l'eau et du vin. Il suffit de comparer à l'ornementation du chéneau d'Athènes celle du cratère corinthien du Louvre représentant Persée et les Gorgones (fig. 102), ou celle des sarcophages de Clazomène, recueillis au même musée, pour en avoir la preuve.

Et ces fragments de revêtements en terre cuite ont été recueillis partout où s'est étendue la civilisation grecque, à Syracuse et à Métaponte, aussi bien qu'à Olympie, à Delphes et à Athènes.

## L'ART DORIEN ET L'ART IONIEN

### DU VII^e^ AU VI^e^ SIÈCLE

L'art grec archaïque s'offre à nous, d'après les dernières fouilles, sous des aspects si différents, qu'une classification méthodique des œuvres est actuellement presque impossible. D'abord les objets découverts en Italie, dans les nécropoles étrusques, semblent indiquer que l'influence de l'art oriental s'exerçait par l'intermédiaire des Phéniciens bien avant l'arrivée des colons grecs. La magnifique tête en pierre polychromée découverte à Elche, en Espagne, et conservée au Louvre, nous révèle une époque d'art à peine soupçonnée, où il conviendrait peut-être de faire une place à l'influence phénicienne, s'il a jamais existé un art phénicien. L'art étrusque n'est-il pas d'ailleurs assimilable aux arts primitifs de la Lycie, de la Lydie, de la Perse et de l'Ionie? Lorsque l'on considère le costume des personnages figurés sur les plaques de terre cuite trouvées à Cervetri ou sur les sarcophages de Corneto, on croit bien reconnaître le costume asiatique; mais actuellement encore on ne sait rien ou presque rien des Etrusques : on ne connaît pas leur langue; on ignore l'époque de leur établissement en Italie. Si on peut le croire contemporain de l'invasion dorienne, on est tenté d'attribuer la même origine asiatique aux populations dont les migrations expliqueraient les civilisations primitives de l'Espagne et de l'Italie.

L'architecture n'a laissé de monuments durables qu'à une époque où la civilisation hellénique était déjà formée, où la religion grecque, avec ses dieux et ses héros divinisés, avait déjà ses cérémonies solennelles, réunissant les représentants de toutes les cités, où la poésie avait fixé les légendes et les attributs divins, élevant ainsi la sculpture à la conception d'une beauté idéale,

Fig. 103. — Le grand temple de Poseidon « Neptune » à Pæstum.

qui est la caractéristique de la sculpture grecque, et qu'aucune religion antique n'avait aussi largement développée.

Aussi, lorsque les origines de l'art grec étaient encore inconnues, on lui faisait honneur de formes qu'on était d'ailleurs embarrassé d'expliquer. La colonne dorienne, cette colonne tronconique avec ses cannelures à vives arêtes, avec son chapiteau à échine saillante (fig. 103), avec ses annelets sous le gorgerin du chapiteau, a donné lieu aux hypothèses les plus singulières, notamment à l'hypothèse de l'imitation en pierre d'une colonne de bois, alors que le chapiteau de la colonne dorienne est avant tout un chapiteau lapidaire. Or, si l'on admet, ce qui ne peut être contesté, l'influence de l'art égyptien en Grèce, si l'on considère, en étudiant la colonne lotiforme d'un tombeau d'Abousir, que, dès l'origine, l'art égyptien interprétait, pour le fût d'un support, un faisceau de tiges serrées par des liens sous les fleurs qui forment le chapiteau, on peut expliquer les cannelures et les annelets par l'interprétation linéaire d'une décoration florale. Même en Egypte, le type primitif de la colonne à tiges et à fleurs de lotus s'était peu à peu transformé, comme on le constate à Karnak, ne laissant subsister du décor primitif qu'une interprétation conventionnelle faite par la gravure et la peinture. Bien plus, dans les tombeaux de Beni-Hassan, que l'on croit pouvoir attribuer à la XIIe dynastie, aussi bien que dans le temple souterrain de Beït-el-Ouali construit sous Ramsès II, les supports sont des colonnes cannelées, ayant quelque analogie avec la colonne dorienne. Le type du support lapidaire existait donc depuis longtemps en Egypte.

Fig. 104. — Tête de griffon en bronze trouvée à Olympie.

A l'origine les colonnes, qui, à l'extérieur des temples grecs, étaient les supports de galeries couvertes, se combinaient avec des plafonds de bois formés de pièces superposées. En considérant les architraves monolithes comme des poitrails de pierre réunissant les supports, on arrive à concevoir au-dessus de ces architraves une construction de bois où l'on pourrait reconnaître dans les triglyphes les extrémités de poutres soutenant des chevrons du comble, figurés par les mutules de la corniche, et entre lesquelles se placeraient, comme des panneaux, les métopes décorées ou non par la sculpture. Cette hypothèse paraîtrait d'autant plus acceptable que la galerie extérieure, le péristyle, était certainement couverte par un plafond de bois dans les temples anciens, tels que le temple de Neptune « Poseidon » à Pæstum, ou le grand temple de Sélinonte. On voit encore à Pæstum les entailles des poutres qui recevaient les solives. Mais si l'on excepte l'Héraïon d'Olympie, qui ne semble pas avoir eu d'entablement lapidaire, le plus ancien temple de Sélinonte, commencé au VIIe siècle et achevé au VIe, a déjà un entablement de pierre, et les métopes de sa façade orientale sont décorées de bas-reliefs. Ils se rapprochent, par leur facture un peu rude et par leur polychromie, des bas-reliefs recueillis au musée de l'Acropole et sont probablement contemporains.

FIG. 105. — Tête de Zeus « Jupiter » en bronze, trouvée à Olympie.

Il semble que les supports lapidaires des temples primitifs aient été monolithes. Les colonnes qui subsistent au vieux temple de Corinthe, l'un des monuments les plus anciens de l'art dorien, sont presque toutes d'une seule pièce. On fait remonter aussi la construction de ce temple au VIIe siècle, à l'époque de la prospérité de Corinthe, sous Cypselos et ses successeurs. Le grand temple de Poseidon à Pæstum serait du VIe siècle. Son état de conservation en rend l'étude particulièrement intéressante (fig. 103). Il est en effet le seul qui ait conservé en place ses colonnes à deux étages, qui divisaient intérieurement le sanctuaire « naos » en trois nefs : des escaliers précédant le naos donnent lieu de croire qu'on avait accès à des tribunes situées au-dessus des nefs latérales, ce qui explique la divi-

FIG. 106. — Tête de jeune homme en bronze, trouvée à Athènes, dans les fouilles de l'Acropole.

Fig. 107. — Apollon Didyméen (?), bronze trouvé à Piombino. (Louvre.)

sion de ces nefs et de leurs supports en deux étages.

Le temple grec était généralement un sanctuaire de forme rectangulaire destiné à abriter l'effigie d'une divinité et à recueillir les objets précieux qu'on lui offrait.

Il n'y avait pas à l'intérieur, comme dans nos églises, de cérémonies réunissant les fidèles pour des prières en commun; ces cérémonies étaient extérieures, et se développaient autour de l'autel destiné aux sacrifices. Aussi les sanctuaires étaient-ils généralement clos, laissant voir seulement à travers une grande porte, la statue du dieu. A l'est et à l'ouest, le péristyle s'élargissait pour former un vestibule précédant le temple, « pronaos », que fermaient latéralement les murs prolongés du sanctuaire; ils étaient terminés par des antes, sortes de pilastres que couronnaient des moulures distinctes de celles des chapiteaux de colonnes.

Au monument de Pæstum qu'on désigne sous le nom de « basilique » et qui semble avoir précédé le grand temple, les antes ont pour moulure la gorge égyptienne.

Les architectes grecs ont toujours su tirer parti des sites pour mettre en valeur les monuments. Leurs temples couronnent les collines : tels le Parthénon ou le temple de Segeste; ou bien, comme au cap Sounion, à Sélinonte, à Agrigente « Girgenti », ils se dressent sur des promontoires dominant la mer.

Fig. 108. — Vase antique représentant des jeunes filles à la fontaine de Callirhoé. (Louvre.)

Si le temple s'élève en plaine, comme à Pæstum, il est orienté de telle sorte que la vue s'étende du péristyle vers la mer, et le contraste des flots bleus avec les champs d'asphodèles ajoute à l'effet du monument.

A Delphes, c'est au pied des roches Phœdriades, près de la source de Castalie et au-dessus d'un bois d'oliviers, que s'élevait le temple, auquel donnait accès une rampe montant en lacets et bordée des trésors des cités, contenant sans doute les objets nécessaires à la célébration du culte.

A Olympie ces trésors étaient édifiés sur une terrasse longeant les pentes du mont Kronion, et c'est au-dessous de cette terrasse, et à proximité d'un bois sacré, que s'élevait le temple de Jupiter « Zeus ».

Un des caractères particuliers de l'art dorien, c'est l'énergie qui se traduit par la rigidité des lignes architecturales.

Ainsi, dans les supports, le galbe du fût d'une colonne est d'autant moins accentué que l'art est plus voisin de son apogée. Si les cannelures de la colonne dorienne éveillent le souvenir du faisceau de tiges de la colonne égyptienne, la forme bulbeuse de la base affectionnée par les Egyptiens n'est pas adoptée par les Grecs, et c'est directement sur le sol du péristyle que naît le fût, sans transition.

La sculpture, au VII<sup>e</sup> siècle avant notre ère, est encore en enfance, même en Ionie. Les types masculins, qu'on a trop aisément qualifiés « Apollons », ceux de Béotie comme ceux de Délos, exagèrent la raideur des statues d'Egypte : comme elles, ils ont les bras collés au corps, et le mouvement de la marche y est à peine indiqué. La figure dégrossie semble être la traduction en pierre ou en marbre de la figure prise dans le tronc d'un arbre « xoanon ». Si le statuaire s'essaye à représenter une figure volante, le symbole d'une Victoire, par exemple, le vol n'est accusé que par les ailes, et les jambes interprètent assez mal le mouvement de la course.

Fig. 109. — Statuette de marbre polychromé découverte dans les fouilles de l'Acropole d'Athènes. (Musée de l'Acropole.)

Le bronze, dont les Egyptiens, et surtout les Chaldéens, avaient fait de magnifiques applications à la statuaire, était déjà en faveur en Grèce au VII<sup>e</sup> siècle. Les ouvrages conservés témoignent d'une habileté relative du modeleur. Ce sont des *ex-voto* découverts dans les fouilles de Dodone, en Épire, ou dans les fouilles d'Olympie, les premiers ayant, malgré leur rudesse, une saveur de terroir qui les classe parmi les œuvres primitives de la sculpture hellénique, les seconds rappelant encore, par les thèmes décoratifs, la sculpture assyrienne. On a aussi trouvé, à Olympie, des griffons (fig. 104), formant sans doute l'extrémité des poignées de bassins de bronze posés sur des trépieds, et dont le col à tête d'oiseau de proie est caractéristique.

C'est dans l'application de la statuaire au bronze que les progrès semblent avoir été le plus rapides. La tête de Zeus (fig. 105), découverte à Olympie, est aussi intéressante par la simplicité du modelé que par l'expression énergique de la figure. La tête de jeune homme, trouvée dans les fouilles de l'Acropole, est plus remarquable encore par l'observation consciencieuse de la nature. Elle était dorée, et le bronze a pris sous l'or une patine aux tons chatoyants, où dominent le vert et le rouge violacé (fig. 106).

Le Péloponnèse à été le berceau de cette école de sculpture à laquelle il faut peut-être attribuer l'élégante statue de bronze trouvée à Piombino et conservée au Louvre, que l'on considère comme une réplique de l'Apollon Didyméen (fig. 107).

Le sculpteur grec a déjà des qualités originales, qui, dans le cours d'un siècle, se développent avec une extraordinaire rapidité. La nature est son guide, il sait en saisir et en rendre simplement le caractère; il cherche avant tout à conserver l'expression de la vie, empruntant à l'Égypte l'interprétation de

Fig. 110. — Chapiteau dorien du Parthénon.

l'œil par l'émail ou le cristal sertis de bronze. Dans cette voie d'interprétation de la nature, les progrès vont vite, et on a peine à croire qu'un siècle seulement sépare ces figures volantes à la marche embarrassée, trouvées à Délos ou sur l'Acropole d'Athènes, des bas-reliefs de la Gigantomachie (combat des dieux et des géants), qui formaient une frise continue, couronnant l'édicule ou trésor que la ville de Cnide avait élevé à Delphes au VI<sup>e</sup> siècle.

La peinture sur la pierre et le marbre n'est d'abord à proprement parler que l'enluminure. Elle a pour but, en Grèce comme en Égypte, de distinguer sur le bas-relief les nus des draperies, de mettre en valeur certains détails de costume, de dessiner, principalement sur des moulures éclairées par reflet, des ornements que la faiblesse des reliefs laisserait indécis.

C'est sur les vases que le peintre fait ses premiers essais de composition en silhouettes noires.

C'est en quelque sorte l'interprétation sur la surface colorée en jaune orangé des ombres des figures, et c'est si bien cela, que, comme l'a remarqué

M. Pottier, l'artiste inexpérimenté, redessinant au trait incisé les contours noyés dans l'ombre, a fait parfois de très singulières inversions des membres. Bien que le céramiste n'ait à sa disposition que des argiles colorées, il trouve le moyen de donner quelque variété à ses figures en adoptant le blanc pour les chairs des femmes et le brun violacé pour celles des hommes. Les beaux vases provenant des fabriques de Chypre, de Rhodes, de Corinthe, nous renseignent sur la perfection relative du dessin des peintres céramistes à une époque où la statuaire était encore réduite à de timides essais.

Certains vases à figures noires de l'école attique, qui semblent dater de la fin du VIe siècle, ont une décoration d'une grâce exquise. Le céramiste a représenté sur des « hydries » conservées au Louvre, ici le triomphe d'Athéna, là de jeunes Athéniennes puisant l'eau à la fontaine de Callirhoé (fig. 108).

Dès le VIe siècle la peinture est appliquée au marbre, dont la décoration gravée semble inspirée d'abord du décor floral de l'Egypte. Mais si l'on considère, au musée de l'Acropole, l'admirable tête de lion, provenant du temple d'Athéna, détruit par les Perses, on est émerveillé de la souplesse de la sculpture et de l'harmonie réalisée par l'accord des ornements peints et des saillies de haut-relief.

A la fin du VIe siècle, le statuaire est maître du marbre, et il le colore pour animer la figure par le plus harmonieux contraste. Les statues découvertes par M. Cawadias dans les fouilles faites près de l'Erechtheion nous ont révélé des types charmants de figures féminines, ayant parfois les caractères de portraits (fig. 109).

La découverte à Delphes du Trésor des Athéniens a eu un intérêt particulier, puisque le monument a une date certaine, ayant été construit à l'aide du butin pris sur les Perses à Marathon; elle nous a fait connaître l'état précis de l'art grec au début du Ve siècle, au moment où s'ouvre, pour le génie grec, la période la plus brillante, celle qui assigne le premier rang à la civilisation de la Grèce.

A cette époque, l'architecture dorienne semble avoir déjà arrêté, après un assez long effort, les formes définitives des supports isolés et de l'entablement qui les couronne. Il y a peu de différence, au point de vue des profils, entre le chapiteau du Trésor des Athéniens et celui du Théseion ou celui du Parthénon (fig. 110).

L'architecte n'est pas, à proprement parler, un créateur, puisque, pendant plusieurs siècles il répète, au moins pour les temples, le type consacré; mais il s'attache à la perfection de la construction et à la pureté des formes; il met tout au point. Comparez, par exemple, le chapiteau de l'édifice dit « la basilique », à Pæstum, ou celui du temple de Corinthe, au chapiteau du temple d'Olympie : vous constaterez que le profil de l'échine s'est à la fois affiné et affermi. Au début c'était une sorte de moulure arrondie soutenant l'abaque du chapiteau, mais dont la saillie exagérée semblait inutile pour

Fig. 111. — Parthénon. Vue prise sur l'angle nord-ouest (Acropole d'Athènes).

l'architrave. Peu à peu le galbe s'est atténué par élimination de toute la matière inutile, et l'échine s'est rapprochée de plus en plus de ce que nous appellerions, aujourd'hui, un profil « d'égale résistance ».

L'art grec est un art de nuances, et cette observation s'applique surtout à l'art dorien. L'artiste ionien a l'imagination vive des Orientaux : à toutes les époques, il affectionne les décorations un peu exubérantes, et l'ornementation linéaire, qui suffit à l'architecte dorien, n'est point son fait. A l'Artemision d'Ephèse, comme on peut le voir sur les fragments conservés au British Museum, il sculpte des figures sur la partie inférieure du fût d'une colonne. Le chapiteau ionique, avec ses volutes et ses coussinets, œuvre exquise, mais d'une grâce féminine, est aussi distant qu'il est possible du chapiteau dorique, et son tailloir rectangulaire, qui se développe dans le sens de la portée des architraves, ménage, entre le fût de la colonne et l'architrave, une transition qui ne paraissait pas nécessaire à l'architecte dorien. D'ailleurs ce chapiteau semble bien approprié aux méthodes de construction développées en Perse, et qui combinaient des supports lapidaires avec des plafonds de bois. Les denticules de la corniche sont peut-être une réminiscence des abouts de solives, tels qu'on les voit figurés sur les façades rupestres des tombes royales des Achéménides à Persépolis.

La base de la colonne ionienne s'étale comme un coussin moelleux sous le fût. Elle est constituée par deux tores séparés par une gorge et s'est enrichie plus tard d'une ornementation linéaire ou florale.

Ainsi se continuait encore au VI$^{e}$ siècle le développement parallèle des deux arts grecs dont les tendances différentes s'accusent dès l'origine de la civilisation hellénique.

## L'ART GREC AU V$^{e}$ SIÈCLE

### L'ÉCOLE ATTIQUE

Jusqu'au V$^{e}$ siècle, l'influence ionienne, c'est-à-dire l'influence asiatique, n'a cessé de s'exercer en Attique. Le costume oriental des figures de marbre, discrètement rehaussées de peintures polychromes, indique bien la part des sculpteurs d'Ionie dans les monuments d'Athènes aussi bien que dans ceux de Lycie ou de Thessalie. Les statues de prêtresses d'Athéna, découvertes dans les fouilles de l'Acropole, et qui sont animées par la couleur des lèvres et des cheveux, par les ornements peints du « chiton » et de « l'himation », sont sœurs des nymphes du bas-relief trouvé à Thasos et recueilli au Louvre ou des figures du tombeau de Xanthos, en Lycie, désigné sous le nom de monument des Harpyies. Tandis que dans les colonies de Sicile et de l'Italie continuait à se développer l'art dorien, en Asie Mineure un temple dorien très ancien tel que celui d'Assos paraît être une exception.

C'est seulement au v^e siècle après les guerres médiques, lorsque le sentiment national est exalté par la victoire, qu'une sorte de fusion s'opère entre l'art dorien et l'art ionien. Cette grande manifestation artistique, expression de la fierté d'un peuple qui a défendu son indépendance, est caractérisée par l'élimination de ce qui rattachait encore la Grèce à l'Orient et c'est par des essais successifs à Delphes, à Egine, à Olympie que se perfectionne le type dorien dont le dernier terme est le Parthénon. Il semble que ce soit aux écoles de sculpture du Peloponnèse, peut-être à l'école argienne, que l'école attique de sculpture ait emprunté cette idée de l'interprétation sincère de la nature par laquelle elle s'est élevée à la conception d'une suprême beauté. N'était-ce pas la conséquence d'idées religieuses qui attribuaient aux dieux la perfection de la forme humaine?

Le temple d'Egine, minuscule monument élevé sur un promontoire dominant la mer, est, par ses bas-reliefs conservés au musée de Munich, un des monuments les plus importants pour l'histoire de l'art grec.

Il reproduit le type traditionnel du naos à double file de colonnes. Construit en pierre poreuse, il était recouvert d'un stuc jaunâtre. Le marbre était réservé aux sculptures des frontons et à l'assise rampante qui les abritait. Des finesses d'exécution résultant d'un sentiment esthétique déjà très développé, telles que l'inclinaison des axes des colonnes ou le rapprochement des colonnes d'angles, attestent les progrès incessants de l'architecture.

Si l'on considère le fronton, c'est-à-dire le pignon qui sur chacune des façades orientale et occidentale sert d'appui à la couverture du temple, l'harmonie est complète entre l'œuvre de l'architecte et l'œuvre du sculpteur. Les sujets sont les combats des Grecs et des Troyens. C'est au fronton de l'est qu'appartenaient deux admirables figures, le soldat mourant et l'Héraclès bandant son arc.

Lorsque l'on compare le temple d'Egine, sanctuaire d'un petit Etat, à un édifice considérable tel que le temple d'Olympie, vénéré, à cause des jeux, dans tout le monde grec, l'unité du type d'architecture religieuse apparaît avec évidence. Le temple présente en effet les mêmes divisions que celui d'Egine et presque le même mode de construction, la pierre poreuse enduite de stuc formant l'élément principal et le marbre étant réservé aux sculptures des métopes et des frontons. Ces sculptures, d'allure architecturale, sont traitées très simplement par plans, sans abus de modelés. L'édifice qui avait été commencé vers 470, fut détruit par un tremblement de terre au vi^e siècle de notre ère : il ne conserve plus que des soubassements mis à découvert par les fouilles exécutées de 1874 à 1881 et sur lesquels gisent les colonnes renversées.

Comme à Egine, la composition des frontons à Olympie était symétrique et cette symétrie nuit un peu à l'action. Le temple était consacré à Zeus qui, sur le fronton de l'est, assiste à la lutte de Pelops et d'Œnomaos. A l'ouest, la sculpture a plus libre allure. Apollon est représenté debout entre les Lapithes et les Centaures; de petits trous percés dans le marbre indiquent que là comme

FIG. 112. — Statue d'un personnage assis (Le Thésée ?) provenant du fronton oriental du Parthénon. (Musée Britannique.) (Cliché Braun.)

dans les frises du Trésor de Cnide à Delphes, on avait associé le métal au marbre pour ajouter à l'effet des sculptures.

Une ère nouvelle s'ouvrait pour la Grèce après les victoires des Athéniens à Marathon, à Salamine, à Platée et à Mycale. Athènes devient la grande cité grecque où s'affirme par des œuvres immortelles le génie national. Pour un temps très court les divisions séculaires des cités doriennes et ioniennes cessent et les monuments de l'Acropole semblent caractériser magnifiquement l'unité des peuples de race hellénique par la fusion des deux arts grecs.

La précipitation avec laquelle on dut procéder à la reconstruction des monuments détruits par les Perses, et la nécessité d'établir un plateau assez large pour asseoir sur le rocher les monuments qu'on projetait d'élever en marbre du Pentélique, à l'honneur des dieux protecteurs de la cité, expliquent l'emploi pour les remblais de débris de toute nature dont l'exploration méthodique faite de 1886 à 1887 a enrichi le musée de l'Acropole de documents d'un prix inestimable pour l'histoire de l'art attique.

Une modification dans la plantation du temple d'Athéna « vierge », du Parthénon, donne lieu de croire que les travaux commencés sous Thémistocle et abandonnés peut-être sous l'administration de Cimon furent repris vers 447, dès l'arrivée aux affaires de Périclès, à qui échut l'honneur de réaliser sur le rocher de l'Acropole le monument caractéristique du génie attique.

L'Acropole était consacrée tout entière à Athena « Polias », à la déesse protectrice de la cité; le Parthénon était sa demeure (fig. 111); c'était là que Phidias l'avait représentée dans le naos au milieu de la galerie à deux étages qui, sur trois côtés, contournait le sanctuaire.

L'édifice a été coupé en deux par l'explosion d'une poudrière pendant le siège des Vénitiens en 1687, mais vers l'ouest la façade a encore presque tous ses détails de sculpture, et vue au travers des Propylées, elle a conservé son majestueux aspect.

L'entrée du temple était à l'est ; la porte était précédée d'un pronaos limité au nord et au sud par les murs prolongés du sanctuaire. Le naos était séparé par un mur d'une salle arrière ou opisthodomos, où, suivant la tradition, était conservé le Trésor. Un vestibule « opisthion » précédait cette salle du côté de l'ouest. L'édifice était entouré d'un péristyle dont les colonnes reposaient sur un soubassement de trois gradins.

La décoration extérieure de l'édifice révélait sa destination : sur les frontons étaient les dieux qui avaient présidé à la naissance de la cité. Sur les métopes de l'entablement extérieur étaient les scènes des temps héroïques, combats de Lapithes et de Centaures ou d'Athéniens et d'Amazones. Sous le péristyle et couronnant les murs du sanctuaire se développait la célèbre procession des Panathénées, qui mettait en scène les Athéniens eux-mêmes.

A l'intérieur du naos s'étageaient les offrandes autour de la statue d'Athéna, faite d'ivoire et d'or et dont le montage suppose des armatures fort compliquées. A l'extérieur se dressaient des stèles et des statues votives.

La conservation extraordinaire du dallage de marbre permet de reconstituer par la pensée non seulement les parties détruites de l'ancien édifice, mais les modifications qu'il a subies lorsqu'il fut transformé en église à l'époque chrétienne. Sur le marbre, en effet, apparaissent les traces des cannelures des colonnes antiques à côté des scellements des colonnes byzantines de moindre diamètre qui les remplacèrent, et en face du soubassement de tuf marquant la place de la statue de Phidias sont visibles les scellements des ambons ou de l'iconostase de l'église grecque.

Des restes de peinture d'époque byzantine apparaissent encore sur les murs de l'opisthodomos, qui formait alors le narthex de l'église.

Si l'on veut avoir une idée d'une perfection d'exécution qui n'a jamais été

Fig. 113. — Groupe de trois figures (Les Parques?) provenant du fronton oriental du Parthénon. (Musée Britannique.) (Cliché Braun.)

atteinte à aucune époque et qu'explique peut-être la simplicité du monument, on observera la courbure des gradins, l'infléchissement de l'ouest à l'est du plateau convexe sur lequel s'élève le temple et le mode de transmission de cette courbure aux entablements. On remarquera encore que, dans le but d'aider à l'effet de stabilité, l'architecte a donné une inclinaison très sensible vers l'intérieur aux colonnes du péristyle, tandis que les colonnes du pronaos et de l'opisthion ont leur axe vertical. On remarquera aussi que tout ornement

FIG. 114. — L'assemblée des dieux. Bas-relief des Panathénées provenant de la face orientale. (Musée Britannique.) (Cliché Braun.)

peint est serti d'un léger trait gravé et que la gravure détermine sur le dallage les contours de chaque assise. Il est impossible d'énumérer toutes les perfections d'exécution que seule peut faire découvrir une étude très attentive exigeant des mesurages très précis.

Toutes les parties de la construction sont reliées par des agrafes horizontales en forme de double T ou par des tenons verticaux de fer scellés au plomb.

Ainsi est constituée, par des assemblages de marbrerie, une construction très élastique qui a pu résister aux tremblements de terre.

La largeur réduite du péristyle sur les façades latérales permettait l'établissement de plafonds à caissons dont les dalles allaient d'un mur à l'autre sans aucun soutien auxiliaire. Mais à l'est et à l'ouest le péristyle était plus large et des poutres de marbre formant soffites soulageaient les dalles évidées de caissons que rehaussaient des ornements peints.

La sculpture et la peinture semblent encore, au v^e siècle, liées à l'architecture. Au Parthénon, les frontons et la frise des Panathénées, abritée sous le péristyle, se prêtaient au développement de grandes scènes sculptées qui

Fig. 115. — Cavaliers de la frise des Panathénées. Bas-relief provenant du Parthénon. (Musée Britannique.)
(Cliché Braun.)

ont consacré, même de son vivant, la gloire immortelle de Phidias, le grand maître, l'ordonnateur de toute la sculpture.

La disposition des figures des frontons est connue par les dessins qu'en fit le peintre Carrey en 1674. Au fronton oriental était représentée la naissance d'Athéna, sortant tout armée du front de Zeus. Le fronton occidental était consacré aux deux divinités tutélaires de l'Attique, Poseidon et Athéna. On sait que les figures de ces frontons, en partie détruites par Morosini, ont été transportées à Londres en 1816 avec la plus grande partie de la frise des Panathénées et les métopes les mieux conservées.

Dans les frontons, le sculpteur avait dressé, assis ou couché ses figures

FIG. 117. — Les Propylées. Vue prise de l'Acropole sur la façade orientale.

pour les adapter à la forme triangulaire du tympan. On considère avec raison comme des chefs-d'œuvre de la sculpture, toutes mutilées qu'elles soient, les figures assises généralement appelées le Thésée (fig. 112) et l'Ilissos, et les groupes du fronton oriental où l'on veut reconnaître d'une part Dèméter et Kora, de l'autre les trois Parques (fig. 113). Les figures d'hommes sont nues, et il semble que l'étude très fidèle de la nature y ait réalisé sans exagération aucune l'ampleur des formes et la beauté des lignes.

Le caractère de ces figures est la puissance, contrastant avec la grâce et l'élégance des figures féminines. Celles-ci sont drapées d'étoffes légères qui suivent et accusent les mouvements du corps. De telles œuvres s'imposent à l'admiration par des caractères tels qu'il est difficile d'y voir les œuvres d'un « atelier » et qu'il paraît vraisemblable de les attribuer à Phidias.

Il est certain au contraire que divers sculpteurs ont travaillé sous la direction de Phidias aux métopes et à la grande frise des Panathénées, dont l'exécution eût dépassé les forces d'un homme. Les sujets des métopes étaient forcément limités à un petit nombre de personnages. Cependant le sculpteur en a varié les dispositions, au point que le combat des Lapithes défendant leurs femmes contre les Centaures ait pu fournir les sujets des trente-deux métopes de la façade sud, sans qu'aucune répétition diminue l'intérêt.

Ce qui caractérise l'évolution de la sculpture au temps de Phidias, c'est l'abandon des formules archaïques de simplification conventionnelle pour les nus comme pour les draperies. Il ne subsiste de ces conventions que l'interprétation des saillies, suivant la destination des ouvrages. Sur les frontons, la saillie permettait l'exécution de figures en ronde-bosse ; sur les métopes, la sculpture de haut-relief détache à jour certaines parties du corps. La frise des Panathénées est traitée tout autrement.

On en connaît le sujet : tous les quatre ans, une procession solennelle portait à l'Acropole le peplos, grand voile destiné à la statue d'Athéna Polias. Le peplos était porté en tête du cortège, suivi des personnages officiels, prêtres, archontes, stratèges. En arrière, défilaient les jeunes filles, les ergastines qui avaient filé la laine du peplos, et les canéphores portant des corbeilles. Les métèques, vêtus de rouge, portaient les bassins de bronze pour les sacrifices; ensuite défilaient les bœufs, qui devaient être les victimes ; des vieillards tenant des branches d'olivier fermaient la marche, suivis par les chars et les cavaliers.

C'est de l'angle sud-ouest de la frise que le sculpteur a fait partir la procession, et il l'a divisée en deux files aboutissant sur la façade de l'est à l'assemblée des dieux assis, recevant les Athéniens à l'entrée du Parthénon.

Pour cette frise, que la lumière éclairait par reflet, le sculpteur définit chaque sujet par le contour extérieur, réduisant proportionnellement les saillies dans ce contour, mais donnant aux modelés une valeur suffisante pour que cette réduction ne soit choquante nulle part. Les figures importantes sont isolées; les autres sont groupées par séries, et par la variété des attitudes, par la fougue des cavaliers contrastant avec les mouvements lents des vieillards, l'artiste a rendu la scène partout captivante. Comparez l'assemblée des dieux figurée sur la frise de la Gigantomachie du Trésor de Cnide à celle représentée sur la frise des Panathénées (fig. 114). Comparez encore les chevaux représentés sur la frise du même Trésor aux chevaux des fringants cavaliers athéniens (fig. 115), et vous apprécierez les progrès accomplis par la sculpture grecque, affranchie désormais de toute convention.

La peinture avait certainement un rôle dans la sculpture et, au ve siècle, les rehauts de couleur sur la figure ou le costume cessaient d'être conventionnels. Les yeux, la bouche recevaient des colorations qui les animaient. Des bandes colorées dessinaient le bord de la robe ou du manteau. Le métal doré intervenait aussi dans le décor polychrome de la sculpture. C'étaient des diadèmes, des mors de chevaux, des lances : on en reconnaît des traces sur la frise des Panathénées. L'emploi de l'or et de l'ivoire pour les statues divines de Phidias montre assez le prix attaché par les Athéniens à la représentation de leurs dieux et déesses.

On a longuement disserté sur l'éclairage des temples, et ceux qui n'ont pas visité la Grèce ou qui n'en ont pas suffisamment étudié la belle lumière, ont accepté sans contrôle l'hypothèse d'un éclairage à ciel ouvert qui eût laissé les statues et les offrandes du naos exposées aux intempéries sans aucun écoulement d'eau.

La perfection des constructions grecques qui se manifeste dans les moindres détails, ne s'accorde guère avec cette hypothèse. Des portes, telles que celle du Parthénon, ayant une surface de cinquante mètres, et projetant, à l'intérieur du sanctuaire, une lumière que reflétaient les dalles de marbre, devaient suffire à l'éclairage.

Si certain passage de Vitruve sur le temple, qu'il appelle Hypethre, a pu donner créance à l'hypothèse d'un éclairage central, on peut croire qu'il s'appliquait seulement au temple oracle, au « manteion », tel, par exemple, que le temple d'Apollon à Didyme.

Les Byzantins, qui étaient des Grecs et qui avaient comme eux le sentiment de l'art, se sont bien gardés d'éclairer en plein les ors de leurs coupoles, et les charpentes qui subsistent encore à la cathédrale de Messine ou à la chapelle palatine de Palerme nous renseignent suffisamment sur le parti décoratif que l'on pouvait tirer d'une charpente apparente rehaussée de peintures et d'ors.

Les portes étaient sans doute masquées par de riches tentures que l'on devait relever pour découvrir la statue aux jours des fêtes solennelles. De semblables tentures, enrichies de motifs colorés, sont figurées sur les mosaïques de l'église Saint-Apollinaire de Ravenne, fermant un portique du palais de Théodoric.

Fig. 118. — Prostasis ou portique nord à l'Erechtheion. (Acropole d'Athènes.)

En fait aucun texte grec ne mentionne l'éclairage à ciel ouvert des temples et ce ne sont pas les interprétations erronées de deux vers d'*Iphigénie en Tauride* ou d'un passage de la vie de Périclès, relatif au temple d'Eleusis, que l'on peut invoquer à l'appui d'un mode d'éclairage qui paraît être en contradiction avec le bon sens.

Le mot « opaion » ne désigne pas autre chose que le caisson d'une

FIG. 116. — Lecythes ou vases à libations attiques. (Louvre.)

couverture droite ou rampante. Jamais d'ailleurs une ouverture centrale n'apparaît sur les façades des temples qui sont figurées sur les médailles.

L'art grec n'a rien de conventionnel, et ceux qui ont cherché à mettre les ordonnances des temples en formules n'ont vu l'art grec qu'au travers de l'art romain. Pour ne citer que le Parthénon, on peut se convaincre, en comparant les colonnes intérieures et les colonnes extérieures du péristyle ouest, qu'il n'y a entre elles, pour les divers éléments qui les composent, aucun rapport fixe.

Les œuvres de la peinture grecque n'ont pas été conservées, de sorte qu'on pourrait se demander si la peinture, telle que nous la comprenons, a jamais été pratiquée par les Grecs. Il est vrai que sans les peintures retrouvées à Pompéi, peintures à la chaux ou peintures à l'encaustique, nous n'aurions aucune idée de ce mode de décoration chez les Romains, et il a fallu la conservation miraculeuse d'une ville sous les cendres du Vésuve pour nous les restituer.

La Grèce est, d'ailleurs, le pays de la couleur : l'air y est si limpide, si rarement chargé de vapeurs, que la variété des colorations distingue seule les plans lointains. Le bleu intense de la mer, le rouge violent et le jaune vif des fleurs participent d'une chaude harmonie que le soleil donne à tout le paysage, surtout le matin et le soir, à l'heure où il colore de tons de pierres précieuses les collines de l'Attique, aux lignes architecturales.

L'admiration traditionnelle pour les peintures de Polygnote, de Zeuxis ou d'Apelles ne peut guère laisser de doute sur l'existence d'œuvres que malheureusement le temps n'a pas épargnées.

On peut se faire une idée des compositions qui avaient cours au ve siècle par les peintures en silhouettes noires ou en silhouettes claires des vases.

La céramique avait atteint, en Attique, à la perfection. La sûreté de main de l'artisan, rectifiant par le trait incisé dans la terre ce que le pinceau pouvait laisser d'imprécis dans le dessin d'une figure ou d'un ornement, est aussi admirable que l'entente de l'harmonie et de la justesse des « valeurs » dans les colorations.

La substitution à la silhouette foncée des figures, se détachant sur fond orangé, de la silhouette claire sur fond noir lustré, ne semble pas avoir été un progrès. Sans doute, le dessinateur eut plus de ressources et put pousser plus loin l'étude des nus ou des draperies ; mais ce fut aux dépens de la simplicité et du caractère de l'œuvre. On peut s'en convaincre en comparant, au Louvre quelques coupes ou quelques vases funéraires, lecythes (fig. 116), qui peuvent être considérés comme des types des deux modes de décoration.

Il apparaît que l'art grec, après s'être élevé pour un temps à la perfection absolue, s'est accommodé d'une évolution des idées et des mœurs qui tendait vers un idéal plus humain. Alors, c'est le sculpteur qui ouvre une voie nouvelle au céramiste, en enrichissant les formes et en les renouvelant.

Au ve siècle, c'est le peintre qui dirige le céramiste, et celui-ci s'applique, semble-t-il, à décorer ses vases par des sujets empruntés aux légendes divines ou héroïques, qui étaient alors le plus en faveur, et qui avaient acquis la renommée aux peintres mentionnés par Plutarque ou par Pausanias.

C'est une hypothèse assez vraisemblable, et comme la technique de la céramique limitait à la coloration des argiles les tons des figures et des draperies, il est permis de croire que les peintres disposaient de plus grandes ressources.

Les peintures de Pompéi étaient, sans doute, comme les sculptures, l'œuvre d'artistes grecs ou de peintres formés à leur école ; elles peuvent

Fig. 119. — Tribune de l'Erechthéion. (Acropole d'Athènes.)

donc nous renseigner sur ce que furent les peintures des temples ou des palais dans la dernière période de l'art grec.

Sur les murs construits en petits matériaux, c'est la peinture à la chaux, la fresque, qui dut être employée. On en a retrouvé des traces sur des enduits à Tirynthe. Mais sur le marbre la peinture devait être appliquée différemment et la résine jouait sans doute un rôle dans une application à chaud des couleurs.

Au Parthénon, il n'est pas douteux que la peinture ne fut jamais appliquée en plein sur les reliefs. Elle décorait les différents membres de l'architecture par des rehauts, comme elle décorait les figures conservées au Musée de l'Acropole, notamment cette jolie figure de femme à l'air boudeur qui témoigne bien de la recherche du caractère par la sculpture grecque.

Et comme un trait incisé limite toujours les contours des parties peintes recouvertes d'une couche grisâtre assimilable à une couche de mixtion, il est certain qu'en dehors de ces parties peintes, le marbre a été laissé nu ou peut-être passé à la cire. Cependant, à l'intérieur du naos, les surfaces murales pouvaient se prêter au développement de grands sujets peints.

On voit que si, pour l'architecture et la sculpture grecque, les documents abondent, ils sont rares pour la peinture.

Au Trésor des Athéniens de Delphes, des rinceaux peints sur le marbre sont encore apparents. Au Parthénon, les traces de peinture sont aussi visibles surtout dans les parties qui, comme la sous-face d'une corniche ou les caissons d'un plafond, ne s'éclairaient que par lumière reflétée.

Le chef-d'œuvre de l'architecture grecque reste donc encore sur plusieurs points insuffisamment connu, mais les ruines sont si magnifiques qu'elles s'imposent à l'admiration de tous, et si, par une nuit claire d'été, on contemple l'édifice dont les colonnes sont sillonnées de raies d'argent par la lumière blanche de la lune, il réapparaît simplifié par l'éclairage au point qu'il semble revivre tout entier.

Le Parthénon n'était qu'une des œuvres groupées sur le rocher de l'Acropole, et qui caractérisent sous leurs aspects divers l'art dorien et l'art ionien.

Dès l'entrée, accusée par un saillant du mur d'enceinte, les Propylées, comprenant sous une galerie les cinq portes qui donnaient accès à l'Acropole, accusent l'alliance des deux arts grecs.

L'édifice révèle les mêmes perfections d'exécution que le Parthénon. Le profil des chapiteaux, les moulures de l'entablement, et d'une manière générale tous les détails de construction attestent l'unité des œuvres des architectes Ictinos, Callicratès et Mnesiclès.

Le portique de l'ouest précédant la galerie qui aboutissait aux portes s'élevait de quatre gradins sur un soubassement massif que portait le rocher. Les passages de piétons de la galerie intérieure étaient à ce niveau, tandis que l'allée centrale, accessible aux cavaliers, et sillonnée de rainures transversales pour arrêter les sabots des chevaux, suivait la pente du rocher.

Une assise en pierre bleue d'Eleusis accuse la différence de niveau de l'allée centrale et des galeries latérales, dont le sol se relevait de cinq marches au droit des portes s'ouvrant sous le portique de l'est à l'entrée de l'Acropole (fig. 117).

Les dimensions de ces portes qui décroissent du milieu du portique vers les angles commandaient l'écartement variable des colonnes de ce portique. La porte la plus large et la plus haute correspond à l'allée centrale. D'après la dimension des feuillures larges et peu profondes, on peut supposer que ces portes étaient fermées par des grilles de bronze.

La destination des ailes qui encadraient le portique de l'ouest est mal connue. On croit reconnaître dans celle du nord la Pinacothèque décrite par Pausanias.

C'est à l'intérieur de la galerie des Propylées que l'architecte avait fait usage, pour soutenir les plafonds, de colonnes ioniennes dont le chapiteau s'accorde, pour la pureté et la simplicité des lignes, avec les chapiteaux doriens des portiques. La base des colonnes ioniennes s'appuie sur une saillie circulaire faisant partie des assises du dallage.

L'axe de la galerie orienté de l'est à l'ouest est sensiblement parallèle à celui du Parthénon, et c'est la mer et Salamine qu'on aperçoit, de l'Acropole, dans l'espace libre entre les colonnes.

A l'extrémité du saillant sud de l'enceinte s'élève le petit temple d'Athena Nikè, que Pausanias appelle le Temple de la Victoire Aptère ; démoli par les Turcs en 1687 pour l'établissement d'un bastion, ce petit édicule ionien, composé d'une salle entre deux portiques, a été relevé de 1835 à 1836.

On suppose qu'il aurait été édifié après les victoires de Nicias, vers 426 ou 425, c'est-à-dire six ou sept années après les Propylées.

Vu la proximité des pentes du rocher, l'enceinte était protégée par un mur d'appui en dalles de marbre décorées d'admirables bas-reliefs.

Ce sont des figures de femmes, telles que la Victoire rattachant sa sandale, figures au modelé très fin, dont le corps souple s'accuse sous les draperies légères et transparentes.

Les Grecs, artistes raffinés, ne se sont jamais astreints dans le groupement de leurs édifices à des symétries banales. Ils savaient bien la valeur de l'appropriation du monument au site. A cet égard, l'un des édifices les plus intéressants de l'Acropole est le temple consacré au culte d'Athéna Polias et du vieux roi Erechthée, confondu peut-être avec Poseidon.

L'Erechthéion était formé de deux sanctuaires qui, par suite de leur adaptation aux pentes du terrain, furent établis à deux niveaux différents. Il remplaçait sans doute l'ancien temple d'Athéna, dont l'enceinte abritant les vierges consacrées au culte de la déesse, est désignée, dans les comptes de

Fig. 121. — Temple inachevé de Segeste (Sicile).

l'Erechtheion, par le nom de Cécropion, rappelant les origines héroïques de la cité.

L'édifice est manifestement divisé en trois parties : à l'est, au niveau du Parthénon, était le sanctuaire d'Athéna Polias, précédé d'un portique de six colonnes. Au centre, entre deux murs transversaux dont les arrachements sont visibles, était un sanctuaire affecté sans doute au culte de Poseidon-Erechthée; il était accessible au niveau inférieur par un portique « prostasis » accolé au nord à l'édifice (fig. 118). Ce portique donnait accès par une magnifique porte à la galerie de l'ouest, dont les colonnes s'élevaient sur un soubassement assez élevé pour qu'une porte secondaire prise dans le soubassement s'ouvrît dans l'enceinte du Cécropion. De cette galerie on gagnait par un escalier la tribune dite des Cariatides, dont le sol était au niveau supérieur (fig. 119). Cette troisième partie, la plus célèbre de l'édifice, semble avoir été affectée, comme le Cécropion, aux jeunes prêtresses d'Athéna Polias.

Le vestibule « stoa » de l'ouest est souvent désigné sous le nom de Pandroseion, du nom de Pandrose, première prêtresse d'Athéna.

La construction avait été faite de 421 à 413, entre la paix de Nicias et la malheureuse expédition de Sicile.

Elle fut abandonnée, puis reprise en 409. Un incendie nécessita une restauration en 395, et plus tard, à l'époque romaine, on refit assez maladroitement les colonnes engagées et les fenêtres du portique ouest. Cette partie de l'édifice, détruite par un tremblement de terre au milieu du siècle dernier, a été récemment refaite. C'est dans les comptes de l'Erechtheion que sont mentionnés les plafonds de bois à caissons « opaia »; le plafond du sanctuaire « orophi » était surmonté d'un comble « eporophia ». M. Choisy a pu déterminer la valeur des termes techniques aidant à reconstituer les parties disparues.

La disposition du plafond de marbre, dont les soffites représentaient les poutres soutenant des pièces secondaires formant caissons, justifie les interprétations des comptes de l'Erechtheion.

Le contraste est saisissant à l'Acropole, entre la beauté presque féminine de l'Erechtheion et la mâle beauté du Parthénon.

Le monument ionien est une œuvre d'imagination où la polychromie joue un rôle essentiel. L'artiste n'a pas seulement utilisé le bronze doré dont l'existence est révélée par les trous évidés dans les caissons, ou par les agrafes visibles encore sur les coussinets du chapiteau : des évidements dans les entrelacs des tores, sous la frise de palmettes et de lis marins du chapiteau, laissent deviner des inscrustations de matières colorées, peut-être de pâtes de verre. Dans les rosaces de la porte, le centre est évidé d'une alvéole conique indiquant bien la place d'un ornement rapporté. La découverte, à Epidaure, d'une magnifique rosace, inspirée de la fleur du pavot et percée d'un trou central, ne laisse aucun doute sur l'emploi d'une décoration de rapport dans les caissons des plafonds.

Les cariatides de la tribune (fig. 119) sont parmi les plus belles œuvres de l'art grec : les jeunes vierges soutiennent comme un splendide velum le plafond à caissons, et n'en paraissent nullement fatiguées. Fléchissant sur la jambe voisine de l'axe, elles portent allègrement le fardeau sur un coussinet, et tous les détails des figures, la chevelure adhérant à l'épaule et les plis droits du « chiton » ionien assimilables à des cannelures, concourent à l'expression d'un support animé. Il suffit de comparer la gauche réplique romaine, conservée au musée Pio-Clémentino de Rome, à la Vierge grecque, pour mesurer la distance qui sépare l'art grec de l'art romain.

## L'ART GREC DU Vᵉ SIÈCLE A LA CONQUÊTE ROMAINE

L'art attique fut bien l'art de la Grèce au vᵉ siècle, et l'influence des maîtres athéniens s'étendit alors à la Grèce et à ses colonies.

A Athènes, on avait élevé, en dehors de l'enceinte de l'Acropole, un temple que la tradition désigne sous le nom du Theseion, et pour lequel, de nos jours, on a cherché sans preuves d'autres attributions. On peut donc croire encore que le monument fut érigé sous l'administration de Cimon, lorsque les cendres de Thésée furent rapportées de Skyros à Athènes en 469. Ce monument, dont l'effet était très grand avant qu'on eût remblayé le sol à l'entour, fut, comme le Parthénon, construit en marbre du Pentélique; il offre, pour l'étude de la construction, le même intérêt, notamment pour les plafonds, dont les dalles à caissons sont encore en place (fig. 120). La frise ne comporte de sculptures que sur les faces de l'est et de l'ouest, et les bas-reliefs des métopes sont aussi limités à la façade orientale et à ses deux retours.

Les sujets représentés sont empruntés aux deux légendes d'Héraclès et de Thésée, que les Athéniens faisaient vivre côte à côte, absorbant adroitement, en leur attribuant les mêmes exploits, le héros grec par le héros attique. Quelques imperfections dans l'arrangement des soffites des plafonds, dont le tracé est parfait au Parthénon, pourraient fournir un argument à l'appui de l'antériorité du Theseion.

Vers le même temps, s'élevait en Sicile le temple de Segeste (fig. 121), se dressant encore majestueusement au milieu des montagnes, et qui, demeurant inachevé, a fourni les plus précieux renseignements sur la construction des édifices grecs. C'est aussi en Sicile qu'étaient construits les temples d'Agrigente et ceux de Sélinonte, dont les sculptures, recueillies au musée de Palerme, montrent assez l'unité de l'art grec au vᵉ siècle. L'influence

Fig. 122. — Bas-relief entourant le fût inférieur d'une colonne provenant de l'Artemision d'Ephèse. (Musée Britannique.) (Cliché Braun.)

de Phidias sur la sculpture grecque affirma longtemps encore la suprématie d'Athènes, et elle se continua jusqu'au moment de la conquête de la Grèce par les Romains. Chaque jour en apporte de nouvelles preuves, les unes éclatantes, telles que la découverte du tombeau dit d'Alexandre à Sidon, les autres plus modestes, mais aussi probantes, telles que la mise au jour d'un bas-relief à Eleusis, ou le déblaiement des monuments funéraires au Céramique.

FIG. 120. — Péristyle ouest du Theseion. Caissons des plafonds de marbre.

Les tombeaux du Céramique étaient enfouis sous des remblais depuis le siège d'Athènes par Sylla en 86. Ce ne sont pas des sarcophages comme ceux de Sidon, mais des monuments de souvenir, stèles funéraires à couronnement très simple de palmettes, ou dalles ornées d'un bas-relief et surmontées d'un fronton. Dexileos, mort à Corinthe en 394, est représenté à cheval dans une attitude qui rappelle celle des cavaliers du Parthénon. Un autre monument nous montre Hegeso, fille de Proxenos, assise et tirant d'un coffret des bijoux. Sur un autre bas-relief, est représenté nu un jeune homme ayant à ses pieds un enfant qui pleure, et près de lui, un vieillard qui le regarde affectueusement.

La beauté idéale à laquelle tendait l'art grec excluait nécessairement une exagération de gestes qui n'apparaît que plus tard, lorsque la recherche du caractère domine dans l'art grec l'étude des belles formes.

L'art attique variait indéfiniment les thèmes décoratifs des monuments funéraires, et traitait même avec une grande liberté, le décor des édifices religieux. Ainsi le temple élevé à Phigalie, après la peste de 430, et attribué par Pausanias à l'architecte du Parthénon, se distingue des autres temples par des points d'appui saillants à l'intérieur et terminés par des colonnes ioniennes à chapiteaux caractéristiques. C'étaient comme les divisions de chapelles latérales où devaient s'accumuler les offrandes.

L'île sainte de Delos, où se constitua, en 477, une confédération sous la suzeraineté d'Athènes, se couvrit aussi de monuments aujourd'hui détruits et dont les fouilles de l'Ecole française nous font peu à peu connaître les dispositions.

A Eleusis, la salle destinée à l'initiation était prise en partie dans le rocher;

Fig. 123. — Chapiteau de pilastre du temple d'Apollon Didyméen, près de Milet. (Louvre.)

il devait en résulter une disposition originale que nous ne connaissons pas bien, à cause de la superposition d'un édifice romain à l'édifice grec.

Les nécessités du culte variaient les dispositions de chaque sanctuaire. A Epidaure, où les fouilles récentes ont mis au jour des chapiteaux à feuilles d'acanthe, qui accusent encore la variété des formes dans l'art ionien, le sanctuaire d'Asclepios, sorte d'hôpital, était pourvu d'un large portique pour l'abri des malades.

Au IVe siècle, l'art grec se déplace avec la civilisation grecque; les luttes intestines des cités livrent la Grèce au conquérant macédonien. Après les victoires d'Alexandre, l'Ionie, qui fut le berceau de l'art grec, en redevient le lumineux foyer. C'est surtout dans les villes de l'ancienne Carie que l'art se développe au IVe siècle. La paix d'Antalcidas avait laissé la Carie à la Perse sous l'autorité d'un satrape indépendant, dont le fils, Mausole, fit d'Halicarnasse sa capitale. A sa mort, sa veuve, Artemise, commanda à Pythios et à Satyros un tombeau magnifique formé de deux salles superposées, l'une

Fig. 124. — Théâtre de Dionysos « Bacchus » à Athènes.

basse qui contenait le sarcophage, l'autre sorte de chapelle funéraire entourée d'un péristyle ionique que gardaient des lions et que couronnait une pyramide surmontée d'un quadrige.

Les bas-reliefs avaient encore pour thème le sujet classique, le combat des Grecs et des Amazones, et se rattachaient, comme les statues, à l'école de Phidias.

C'est à l'architecte Pythios qu'on attribue aussi le temple de Priène, dont les fragments sont conservés au Louvre, et qui aurait été dédié par Alexandre vers 334.

Il aurait été le type du nouvel Artemision reconstruit à Ephèse par Demetrios et Peonios après l'incendie d'Herostratos. Suivant la disposition adoptée pour l'ancien Artemision, les colonnes ont leur fût inférieur enveloppé d'admirables bas-reliefs (fig. 122).

Plus tard Peonios d'Ephèse et Daphnis de Milet étaient chargés de reconstruire à Didyme le temple d'Apollon. C'est un monument considérable, un des derniers de style ionien, et dont la décoration semble n'avoir été achevée qu'à une époque postérieure. C'est par lui que les thèmes décoratifs orientaux, entre autres celui du griffon, ont passé dans l'architecture romaine.

Un tremblement de terre avait renversé l'édifice en 1483, et c'est seulement en 1873 que Rayet et Thomas purent en explorer les ruines. Ils constatèrent sur les bases du péristyle une variété de décor rare dans l'art grec. Les dernières fouilles dirigées par MM. Pontremoli et Haussoullier ont prouvé que la même variété existait pour les chapiteaux de la façade principale.

Les fouilles ont précisé la disposition originale, particulière au temple oracle, du sanctuaire ou adyton, situé à cinq mètres en contre-bas du sol du péristyle. Il était précédé d'une salle « oicos », où prenaient place les pèlerins, après avoir attendu leur tour sous les vastes galeries du double péristyle.

Des fragments de chapiteaux décorés de figures ailées que terminent des rinceaux, semblent avoir dépendu d'un édicule abritant la statue du dieu. Le sanctuaire à ciel ouvert était orné de pilastres dont les chapiteaux originaux étaient garnis de touffes d'acanthe sur la face et terminés latéralement par des coussinets (fig. 123). Les monuments postérieurs révèlent la décadence de l'architecture grecque. A Magnesie, Hermogenès supprime les supports intérieurs du péristyle, et la sculpture décline, s'appliquant à la répétition médiocre des types classiques.

L'art grec avait pénétré jusque dans l'Inde, mais ses qualités s'étaient affaiblies avec le sentiment national, et les artistes qui avaient abandonné leur pays pour la cour des Séleucides ou celle des Ptolémées semblent n'avoir produit, à partir du IIe siècle, que des œuvres secondaires. L'une des plus importantes est l'autel élevé à Pergame, sous Eumène II (197-159), succédant à Attale Ier dans le royaume fondé, au IIIe siècle, par un lieutenant de Lysimaque.

C'est bien l'influence de l'architecture grecque d'Asie qui se manifeste en Grèce, puis en Italie à l'époque gréco-romaine. Le chapiteau à touffes d'acanthes et à griffons du portique d'Eleusis est de même style que le support à griffons de la table de marbre de la maison de Cornelius Rufus à Pompéi, et la sculpture en broderies de la corniche gréco-romaine du portique d'Eleusis se rattache à un système de décoration florale qui s'est développé en Orient sous les Antonins et qui a passé dans l'art grec chrétien.

## L'ART DANS LA VIE PUBLIQUE ET DANS LA VIE PRIVÉE DES GRECS

Dans les sociétés antiques, la religion est la base de toute organisation sociale. C'étaient des institutions religieuses d'un caractère général, oracles, processions, jeux publics, qui formaient le lien des cités helléniques. Il semble même qu'on puisse, au travers des légendes, distinguer des croyances communes aux races aryennes et sémitiques et dont la manifestation apparente est le culte des morts. Les conditions d'une seconde vie analogues à celles de la vie terrestre expliquent la forme donnée aux tombeaux et justifient le mobilier funéraire des tombes. Les vivants doivent assurer la conservation du corps du défunt. C'est le principe de la vie transmis, comme dit Lucrèce, *ut cursores vitæ lampada tradunt*.

Fig. 125. — Statuette de femme en terre cuite, provenant de Béotie. (Musée d'Athènes.)

Aux époques anciennes, le symbole de ce principe divin, c'est le feu allumé sur l'autel à l'entrée de toute habitation; le culte du feu se retrouve d'ailleurs dans toutes les religions orientales.

La constitution de la famille est la conséquence des croyances : chaque maison honore son chef défunt; les maisons réunies forment des tribus dont le groupement a constitué la cité. Chaque cité a ainsi pour auteur un héros légendaire, honoré par ses descendants et que la tradition rattache à quelques divinités protectrices. Aussi, dès le VIIe siècle, les légendes héroïques sont-elles les thèmes décoratifs des vases, alternant avec des scènes d'offrande ou des représentations d'honneurs funèbres.

Fig. 127. — La Vénus de Milo. (Louvre.)

La forme humaine attribuée aux dieux s'accorde avec ces croyances, qui leur assignent la première place parmi les ancêtres. Les dieux et les mortels communiquent entre eux par des mystères qui exigent des cérémonies d'initiation, dont les rites sont tenus secrets ; il ne faut pas en effet que la faveur des dieux puisse être détournée par des étrangers de la famille ou de la cité.

Tout d'abord, c'est entre les mains du chef de famille que sont réunis les pouvoirs civils et religieux : le chef de famille est le roi et le grand-prêtre. Les révolutions des cités grecques sont la conséquence des luttes entre les différents chefs de tribus qui ont abouti à la formation de petites républiques où le pouvoir fut toujours aux mains d'une oligarchie de citoyens ; c'était la conséquence d'une organisation sociale qui admettait l'esclavage.

Fig. 126. — Statuette de femme en terre cuite, provenant des fouilles de Béotie. (Musée d'Athènes.)

La religion, intervenant dans tous les actes de la vie, explique les sacrifices consommés sur les autels pour obtenir la faveur divine, sacrifices humains aux époques de barbarie, puis offrandes d'animaux ou de fruits. Les donateurs offraient aussi leur effigie. Ce sont les ex-voto de bronze trouvés à Olympie et Dodone, ou les figures de marbre polychromé découvertes dans les fouilles de l'Acropole.

Ce qui distingue la religion grecque des autres religions antiques, c'est le culte de la Beauté. En attribuant aux dieux ou aux héros toutes les qualités physiques et morales, en même temps que les passions humaines, la religion grecque aidait à la création de figures expressives dont la poésie déterminait les attributs, donnant à Athéna, la déesse de la sagesse et aussi celle des combats, l'égide, le casque, le bouclier et la lance.

Aussi, le temple grec se distingue-t-il du temple égyptien, qui enfermait dans de hautes murailles les cérémonies du culte.

En Grèce le culte est extérieur : le temple est fait pour le peuple ; c'est une œuvre d'art dont chacun jouit et les processions se développent en grande pompe au dehors, à la vue de tous.

Il semble que l'artiste grec ait reçu mission d'animer le type hiératique que lui transmettait l'artiste égyptien.

La religion, qui prenait une grande place dans la vie publique des Grecs, tendait toutes les facultés du citoyen vers la perfection physique et morale.

De là, ces gymnases où les jeunes gens développaient leurs muscles, se préparant aux jeux qui semblent avoir été la distraction favorite des Grecs.

Le temps qui n'était pas consacré aux exercices du corps était pris par la discussion des affaires sur la place publique, ou sous des portiques, et on s'imagine assez bien la vie animée et bruyante de cette foule aux impressions vives, écoutant volontiers les rhéteurs et les sophistes et plaçant souvent fort mal sa confiance.

Cette turbulence explique les révolutions continuelles qui livrèrent les cités grecques aux conquérants étrangers.

A l'origine, la vie familiale était simple et la maison peu luxueuse, si l'on en juge par les habitations découvertes à Athènes ou à Syracuse.

Plus tard, les mœurs orientales introduisaient dans la maison grecque un luxe qui donnait prise aux critiques de Démosthènes. L'amour du bien-être s'accrut sous les successeurs d'Alexandre, et les fouilles faites à Palatitza, en Macédoine, semblent justifier l'admiration de Vitruve pour les maisons helléniques, pour les belles ordonnances de leurs portiques, pour les exèdres établis dans les jardins, pour les salles de festins ou d'étude réunissant tout ce qui pouvait contribuer à l'agrément de la vie.

Les anciens Grecs avaient d'autres jouissances. Dès le VIe siècle, se manifestait un goût très vif pour les jeux et pour les représentations théâtrales, dont le caractère religieux est encore attesté à Athènes, au théâtre de Dionysos, par l'autel qui occupait le centre de l'orchestre, et autour duquel évoluaient les chœurs.

Les ruines des théâtres grecs sont visibles à Athènes, à Epidaure, à Argos, à Sparte. On en trouve d'autres en Ionie, à Telmessos, à Cnide, d'autres encore en Sicile, à Syracuse, à Segeste.

Pour les théâtres comme pour les temples, les sites étaient bien choisis. Au théâtre de Dionysos (fig. 124), les spectateurs, assis sur les gradins de marbre adossés à l'Acropole, avaient en face d'eux la mer et Salamine. A Syracuse, les gradins sont aussi taillés dans le roc, et adossés à une colline faisant face à la mer.

A l'histoire du théâtre attique se rattachent les monuments choragiques, symboles des victoires lyriques remportées aux fêtes de Dionysos. C'était généralement des trépieds de bronze que l'on élevait sur des édicules de marbre : tel le monument choragique de Lysicratès à Athènes, rappelant la victoire remportée par la tribu Acamantide pour les chœurs d'enfants de 335 à 334. Le monument formé de trois figures adossées à une tige d'acanthe, qui

Fig. 128. — La Victoire de Samothrace. (Louvre.)

a été découvert dans les fouilles de Delphes, était probablement aussi un monument commémoratif supportant un trépied.

Les stades pour les courses de chars existaient dans toutes les cités, à Athènes comme à Olympie, et sans doute les beaux vases sur lesquels étaient représentées ces courses, et qui nous ont été conservés dans les tombeaux, étaient donnés en prix aux vainqueurs.

Ainsi, chaque manifestation de la vie publique concourait au développement de l'art grec.

La gloire artistique d'Athènes avait survécu à sa gloire militaire, si bien que sous Alexandre et ses successeurs, et même sous les empereurs romains, la ville s'embellissait de monuments nouveaux. C'étaient des portiques, un théâtre, c'étaient même des édifices d'utilité publique, telle la tour octogonale dite la « Tour des Vents » sur laquelle les Vents sont représentés en bas-relief et qui contenait une horloge hydraulique.

Fig. 129. — Ciste ou coffret à bijoux en bronze trouvé à Preneste. (Louvre.)

Si les artistes grecs se déplaçaient pour mettre leur talent au service des cours asiatiques, ainsi qu'en témoignent les magnifiques tombeaux de marbre décorés de bas-reliefs découverts en 1887 dans une nécropole princière de Sidon, la vie sociale avait pris en Grèce, dès le IVe siècle, un caractère d'élégance qu'on apprécie bien si l'on considère les gracieuses figures de terre cuite recueillies dans les fouilles de Tanagra en Béotie, ou de Myrina en Asie Mineure.

A voir ces jolies figures de femmes gracieusement drapées dans leur manteau (fig. 125), tenant en main le miroir ou l'éventail et très savamment coiffées, on ne peut nier que l'art se soit appliqué en Grèce à tous les détails de la vie (fig. 126).

Grâce au mobilier funéraire du IVe et du IIIe siècles, c'est une Grèce à peine soupçonnée qui revit pour nous, Grèce sceptique et frondeuse, mais Grèce raffinée, accessible à toutes les émotions, et révélée par les objets familiers que reproduit le céramiste ou que les tombes nous restituent :

miroirs, vases à parfums, épingles, bijoux etc. Ici ce sont des joueurs d'échecs que le sculpteur a figurés; là ce sont de jolis amours aux ailes diaprées de bleu, de rose et d'or.

Il n'est pas douteux que l'idéal de la sculpture grecque soit moins élevé à partir du IVe siècle qu'il ne le fut dans le siècle précédent. La foi s'est affaiblie et le sculpteur, moins préoccupé de la perfection des types divins, cherche plutôt à bien rendre le caractère individuel d'une figure d'athlète ou de courtisane. Praxitèle suit bien, si l'on veut, la voie tracée par Phidias, mais son Hermès tenant Dionysos enfant, qui fut retrouvé dans les fouilles d'Olympie, est plus près que les dieux de Phidias du modèle vivant.

On peut comparer encore l'admirable buste de bronze conservé au Louvre et découvert à Bénévent, au buste d'athlète trouvé à Olympie, dont l'expression est bestiale, mais prise sur le vif. Assurément, ce qu'on perdait pour l'ampleur et la simplicité du style, on le gagnait pour la recherche du caractère.

Mais sous les successeurs d'Alexandre, la tradition de l'école de Phidias survivait encore, en Asie et dans les îles grecques, du IVe au IIIe siècles et les œuvres égalent en beauté celles du siècle de Périclès.

C'est à Milo qu'a été découverte la Vénus recueillie au Louvre (fig. 127), et à Samothrace qu'on a trouvé une autre merveille, la Victoire ailée aux draperies flottantes enlevées par le vent, et qui se dressait sur une proue de navire (fig. 128), probablement en souvenir d'une victoire navale de Demetrios Poliorcète.

C'est de Cnide que fut rapportée au British Muséum la statue de Déméter, l'une des plus belles œuvres de l'art grec. C'est d'Arménie que provient la magnifique tête d'Aphrodite en bronze, aux yeux grands ouverts, que recueillit le même musée.

Plus tard, sous l'empire romain, il semble que la sculpture grecque archaïque ait séduit par la préciosité de son exécution les empereurs épris d'hellénisme. Cet archaïsme de dilettante a produit des œuvres de goût. Telle l'Artémis trouvée à Pompéi, telle aussi l'Athéna découverte récemment à Poitiers. Ces statues sont particulièrement intéressantes, en ce qu'elles nous renseignent sur des œuvres antérieures dont elles sont probablement les répliques.

Les Grecs avaient de tout temps pratiqué avec maîtrise le travail des métaux. Les procédés de la fonte du bronze avaient progressé en Grèce avec la statuaire, et pouvaient s'appliquer, dès le Ve siècle, à de grandes figures : la découverte, à Delphes, dans les fouilles dirigées par M. Homolle, d'un « aurige », ou conducteur de chars, en bronze, en fournit la preuve. Il est même probable que les Grecs ont pratiqué la fonte dite « à cire perdue », qui permettait de donner à l'épreuve en cire toutes les délicatesses de modelé

FIG. 130. — Miroir à pied en bronze. (Louvre.)

désirables, et, par l'élimination de la cire remplacée par le bronze en fusion, d'obtenir une grande figure d'une seule pièce.

Mais les qualités particulières de l'art grec ne sont pas moins éminentes dans les objets usuels que dans les statues. Aucun peuple de l'antiquité n'eut un sentiment plus juste de la décoration, subordonnant toujours la forme à la destination de l'objet et en déduisant les « proportions », c'est-à-dire les rapports de grandeur qui lient le décor à la structure.

Fig. 131. — Monnaie d'argent de Syracuse. VI^e siècle.

Une civilisation supérieure comme celle de la Grèce est intéressante dans toutes ses manifestations : l'art n'y apparaît pas comme une conséquence du luxe, mais comme une jouissance accessible à tous. Il est, au vrai sens du mot, populaire, parce qu'il embellit toutes les œuvres, et que les plus humbles éveillent en nous l'idée de perfection.

Les vases de bronze conservés dans les collections du Louvre ou de la Bibliothèque Nationale sont élégants et solides, et la destination d'une anse, d'une poignée, s'accuse par la forme, par la disposition de l'attache qui fournit la solution artistique. Le décor des « patères » ou plats creux, celui des gobelets, suggèrent les mêmes observations. Quant aux objets de toilette féminine, miroirs à main en cuivre embouti, gravé et étamé, ou miroirs à pied en bronze, « cistes » ou coffrets à bijoux, etc., ce sont des œuvres exquises, de forme séduisante et d'exécution souvent raffinée. Sur les coffrets trouvés à Preneste, le décor est gravé, mais le couvercle est muni d'une poignée formée par une ou plusieurs figurines bien cambrées (fig. 129). Un miroir est porté par une gracieuse figure de femme entourée d'amours volants, et autour du miroir se profilent en silhouette des animaux domestiques (fig. 130).

Les Grecs ont, de tout temps, su travailler les métaux précieux. Les bijoux d'or découverts en Grèce, en Asie Mineure, et récemment en Crimée, témoignent d'une remarquable habileté dans le travail au repoussé, dans la décoration en filigranes. Une plaque d'or trouvée à Aïdin, et qui paraît avoir été une agrafe de manteau, est décorée de griffons au bec crochu, assimilables pour le style aux griffons d'Olympie. A la plaque, sont suspendus des grelots retenus par des chaînons d'or. Le Louvre possède, outre cette plaque, plusieurs colliers chargés de pendeloques, vases pyriformes ou fleurettes, dont les agrafes sont des têtes d'animaux. Des bracelets d'or découverts en Crimée ont, comme fermoirs, des têtes de serpents. La Bibliothèque Nationale conserve aussi quelques bijoux grecs d'un travail très délicat.

Mais c'est surtout dans la composition des monnaies et des médailles que les Grecs ont fait preuve d'une supériorité incontestée. Il suffit de citer les monnaies de Syracuse (fig. 131), au beau profil de femme, entouré de poissons en exergue, celles d'Acragas (Agrigente), représentant des animaux marins, celles d'Athènes, caractérisées par le hibou, l'oiseau d'Athéna (fig. 132), et les monnaies d'Alexandre, et celles d'Etolie (fig. 133), et celles de Bactriane, toutes ces merveilles réunies au Cabinet des Médailles de notre Bibliothèque Nationale.

Dans les monnaies les plus anciennes, frappées au mouton ou au marteau par des procédés rudimentaires qu'accusent le défaut de centrage de la pièce et l'irrégularité des bords, les contours définissent très nettement les limites dans lesquelles les reliefs subissent une réduction proportionnelle. Par exemple, dans une figure de profil, le contour dessine, par une saillie suffisante sur le champ, le front, le nez, la bouche et le menton, tandis que les plans correspondant à la joue, aux yeux, aux cheveux sont accusés par des reliefs réduits, mais conservant leurs valeurs relatives. Ce principe de réduction a été appliqué avec tant de mesure, que l'artiste a pu, par une observation très attentive de la nature, conserver, quelle que soit l'échelle des monnaies, les traits caractéristiques de la figure, de l'animal ou de la plante.

Fig. 132. — Monnaie d'argent de l'Attique. VIe siècle.

Fig. 133. — Monnaie d'argent d'Etolie. IVe siècle.

La tendance de l'art grec vers une perfection idéale aboutissait, pour les médailles comme pour toutes les applications de l'art, à la création de types de beauté, représentant plutôt une espèce qu'un individu. C'est le signe distinctif des monnaies grecques pour le Ve et le IVe siècle : plus tard les médailleurs, comme les sculpteurs, ont recherché davantage le caractère individuel.

Mais l'obligation que s'imposait l'artiste de graver directement, à l'échelle de la médaille ou de la monnaie, le coin ou le poinçon de métal, durci ensuite par la trempe, l'obligeait à un sentiment juste des saillies à observer en raison des dimensions de chaque pièce.

L'erreur commise fréquemment de nos jours, et qui consiste dans la réduction proportionnelle d'un grand médaillon pour une monnaie, n'a jamais été commise par les Grecs. Ils savaient trop bien qu'un changement d'échelle entraîne nécessairement un changement de composition.

Les Grecs avaient appris des Egyptiens et des Phéniciens la méthode de soufflage et de moulage du verre, coloré ou non par des oxydes métalliques. Les tombeaux ont conservé des fioles de verre aussi élégantes de forme que brillantes de couleur : sans doute, leur séjour prolongé dans le sol les a enrichies d'irisations chatoyantes; mais le décor s'applique toujours si bien à la forme, qu'on est émerveillé de la dextérité des verriers, passés maîtres dans l'art d'entourer à chaud une fiole de verre par des fils colorés, de les relever en chevrons à intervalles réguliers, de les refondre avec la fiole, et de constituer ainsi le décor de surface le plus souple qu'on puisse imaginer. Les ouvriers savaient même tirer parti de l'affaissement du verre à l'état pâteux, pendant son refroidissement, pour obtenir naturellement des cannelures régulières à la surface de vases soufflés d'une extraordinaire légèreté.

Si l'art grec, postérieur aux arts de l'Egypte et de la Chaldée, n'a pas été, autant qu'eux, peut-être, un art créateur, il a su apporter dans toutes ses œuvres l'ordre et l'harmonie qui font souvent défaut aux œuvres des civilisations antérieures. La mesure, le goût sont ses qualités essentielles ; aussi demeure-t-il, dans l'histoire de l'antiquité, l'art classique par excellence, celui qui satisfait toujours à la raison, mais qui s'est élevé, par la recherche d'une perfection idéale, à la conception d'une beauté plus qu'humaine et l'a souvent réalisée.

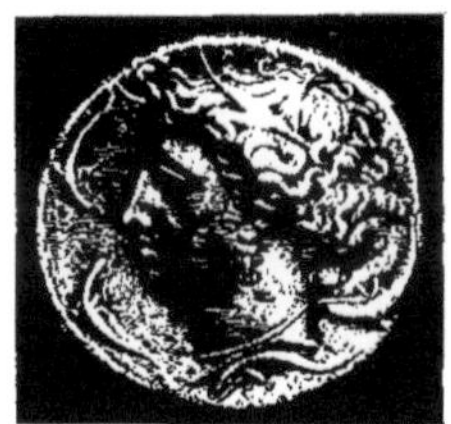

FIG. 131. Monnaie d'argent de Syracuse. Vᵉ siècle.

# L'ART ROMAIN

## LES ORIGINES — L'ART ÉTRUSQUE

i l'on en croyait le poète latin (1), l'art ne daterait, en Italie, que de la conquête de la Grèce par les Romains. C'est là une exagération poétique, que démentent les monuments anciens conservés en Italie et les œuvres d'art extraites des nécropoles étrusques. Si l'époque de l'établissement des Étrusques en Italie n'est pas bien déterminée, le costume des personnages figurés sur les sarcophages de terre cuite, aussi bien que les ornements de style asiatique qui enrichissent ces sarcophages, ou qui se développent sur les revêtements des chambres funéraires, rattachent la civilisation des Étrusques aux civilisations primitives de l'Asie Mineure, dans lesquelles on reconnaît l'influence directe ou indirecte de la Chaldée ou de l'Egypte.

Les Étrusques semblent avoir introduit en Italie l'usage des charpentes revêtues de terre cuite, et le système de construction des arcs de pierre, appareillés par claveaux. Le comble à double pente est le mode de couverture qui convient à tous les pays riches en forêts et exposés aux pluies. Il a été constamment employé sur les hauts plateaux de l'Asie, et il est figuré, sur les façades des tombeaux phrygiens, taillés dans le roc. La forme du comble à deux pentes est accusée dans un tombeau de la nécropole étrusque de Chiusi.

Les temples de l'Étrurie ont été sans doute, comme les temples grecs archaïques, couverts par des charpentes à revêtements de terre cuite peinte. On a recueilli en Italie un grand nombre de pièces de revêtement, plaquettes,

(1) *Græcia capta ferum victorem cepit et artes intulit agresti Latio.*

chéneaux et antefixes ornés de figures encadrées de palmettes, dont la polychromie, où dominent le noir, le brun-rouge et le blanc, est celle des plus anciens vases de Rhodes ou de Chypre. Les mêmes tons étaient employés pour la peinture des plafonds des nécropoles étrusques.

FIG. 134. — Temple de Demeter (Cérès) à Pæstum (Italie).

La volute, d'origine égyptienne, mais qui s'est acclimatée en Assyrie et dans les îles voisines de la côte d'Asie, orne les sarcophages de Cervetri et les lits funéraires de la nécropole de Sardes.

On peut en conclure que si l'art étrusque est une des formes de l'art grec archaïque, il est plus voisin de l'art ionien que de l'art dorien.

Le tombeau est, en Etrurie comme en Egypte, comme en Lycie ou en Phrygie, la représentation de la maison, et, à cet égard, les sépultures étrusques creusées dans le rocher, sont intéressantes parce qu'elles semblent reproduire, par le groupement des chambres autour d'une salle centrale couverte en appentis, la disposition des maisons orientales avec cour intérieure, entourée de chambres, et vestibule précédant la cour, l'*Atrium*.

On trouve d'ailleurs en Etrurie, outre des tombes taillées dans le rocher, comme celles de Castel d'Asso et de Chiusi, des monuments funéraires construits ayant la forme de tumuli ou de massifs couronnés par des édicules coniques; c'est la disposition des quelques tombeaux de Corneto et d'Albano. Les Etrusques pratiquaient deux modes de sépulture, l'ensevelissement et l'incinération, attestés par les sarcophages et les urnes funéraires de terre cuite.

Les exemples d'arcs clavés ne sont pas très nombreux; on peut citer cependant, sinon comme étrusques, au moins comme appartenant aux traditions des constructeurs de l'Etrurie, la porte de Faleries, œuvre du IIIe siècle, et la porte de Perouse, celle-ci formée de deux arcs superposés, séparés par une frise de petits pilastres et de patères ou boucliers, et tirant son principal effet de l'appareil des arcs extradossés. On avait même fait à la prison Mamertine l'essai de plates-bandes appareillées.

L'origine présumée de la civilisation étrusque explique les relations commerciales qu'entretinrent les villes d'Etrurie, d'abord avec les Phéniciens, puis avec les Grecs, lorsque ceux-ci remplacèrent les marins phéniciens et exportèrent en Italie et en Espagne les produits de l'industrie hellénique.

Les coupes d'argent trouvées à Palestrina (Préneste) sont d'origine phénicienne, et c'est dans les tombes étrusques qu'ont été recueillis en plus grand nombre les vases corinthiens et attiques qui ont formé la magnifique collection du musée du Louvre.

## L'ART ROMAIN SOUS LA RÉPUBLIQUE

L'architecture romaine, pour la période antérieure à l'Empire, est très mal connue. Rome fut presque entièrement reconstruite, après les guerres civiles, sous Jules César et sous Auguste, et par suite de superpositions et de transformations continuelles, les édifices groupés jadis sur le Forum romain n'ont pu être identifiés que partiellement après des fouilles récentes. Les Grecs s'étaient établis en Italie dès le VIe siècle, et on compte parmi les monuments les plus anciens de l'art grec deux édifices de Pæstum, l'un qu'on appelle la *Basilique*, l'autre qui était un temple consacré à Neptune, et qui est peut-être le monument religieux le mieux conservé, celui où le sanctuaire possède encore sa double file de colonnes à deux étages soutenant les charpentes du comble.

La partie méridionale de l'Italie recevait le nom de Grande Grèce, et les colonies grecques y étaient aussi nombreuses qu'en Sicile. Les ruines qui

FIG. 135. — Temple circulaire de Tivoli.

subsistent à Métaponte et sur plusieurs points de la péninsule, témoignent de la prospérité de ces colonies.

L'art grec a donc eu certainement une part dans les premiers essais de l'art romain. Mais comment la déterminer?

Un seul édifice de Pæstum, le temple de Demeter « Cérès », offre des particularités de construction qui le distinguent absolument des monuments grecs voisins et pourraient le faire considérer comme une œuvre de l'art italien primitif (fig. 134).

Contrairement aux dispositions des temples grecs, les colonnes ont, même aux angles, des espacements égaux. Les triglyphes de la frise ne constituent pas, comme cela avait lieu en Grèce, les parties résistantes de la construction ; ce ne sont que des placages, et suivant l'interprétation romaine de l'ordre dorique le dernier triglyphe ne porte pas l'angle de la

FIG. 136. — Vue intérieure du temple de Jupiter à Ba'albek (Syrie centrale).

corniche ; il est aplomb de l'axe de la dernière colonne et laisse inoccupé l'angle de la frise.

Il semble qu'il y ait là comme une copie d'art hellénique dont l'auteur, étranger à la logique de l'art grec, n'aurait fait que reproduire des formes sans en comprendre la raison.

Or, c'est là précisément le défaut de l'art romain. Les délicatesses de l'art grec, qui, plus que tous les autres arts dans l'antiquité, eut le culte de la beauté, et qui poussa si loin la concordance logique de la structure et du décor, ne pouvaient être comprises par un peuple dont l'architecture fut surtout utilitaire et qui considéra les ordonnances grecques comme des motifs décoratifs.

Cependant, vers le I^er siècle avant notre ère, l'art romain, peut-être sous l'influence d'artistes grecs, avait produit des œuvres délicates, comparables pour la perfection de l'exécution aux monuments de la Grèce; on peut citer

Fig. 137. — Mur d'enceinte et temple de Mars Ultor (Rome.)

entre autres le temple circulaire de Tivoli dont le site est si bien choisi, que là comme au cap Sounion, ou à Segeste, le monument semble être une partie du merveilleux paysage qui l'entoure (fig. 135).

M. Choisy, dans son *Histoire de l'Architecture* compare très justement les détails du tombeau de Scipio Barbatus, antérieur à la conquête de la Grèce, à ceux de la Basilique de Preneste, élevée par Sylla un siècle après la prise de Corinthe, pour démontrer qu'il existait en Italie avant l'empire un art affilié à l'art grec et dont les monuments méritent l'attention.

Toutefois les qualités propres à l'art des Romains sont surtout des qualités d'organisation. Par la division méthodique du travail, par l'étude des simplifications de construction, ils ont pu réaliser des œuvres colossales à l'aide d'ouvriers peu expérimentés, en adoptant pour toutes les parties essentielles de la construction la maçonnerie de blocage, indépendante d'un revêtement décoratif qu'on préparait séparément, et qui n'avait aucun rapport avec la construction. C'est là une différence essentielle entre l'art grec et l'art romain.

Les Romains se sont assimilé les arts des peuples vaincus et leur ont emprunté, non des principes d'harmonie, mais des méthodes d'exécution rapide, applicables aux édifices d'utilité publique dont la réalisation entrait dans les vues du peuple conquérant et flattait son orgueil.

Ces méthodes de construction n'ont pas d'ailleurs été généralisées dans l'Empire. Les Romains, administrateurs avisés, avaient laissé aux différentes provinces une certaine autonomie, respectant les croyances et les usages des vaincus. Aussi l'art romain, dès les dernières années de la république, quoique semblant assujetti à quelques principes généraux, a-t-il, sous les différents climats, des expressions assez variées.

En réalité, l'art romain est un art de reflet qui subit tour à tour les influences de l'Etrurie et de la Grèce, et dont les caractères originaux ne se manifestent que sous l'empire, après que les expéditions lointaines ont enseigné aux Romains l'usage des petits matériaux et leur application possible à la construction d'édifices considérables, thermes, amphithéâtres, ponts, aqueducs, qui caractérisent le génie de Rome.

## L'ART ROMAIN SOUS L'EMPIRE — ARCHITECTURE
## LES MÉTHODES DE CONSTRUCTION

Bien qu'en apparence l'architecture romaine ait adopté le système de construction usité en Grèce, associant des supports verticaux à des plates-bandes horizontales, l'élément principal de l'architecture grecque, la colonne, n'a été dans l'art romain qu'un élément accessoire, un décor.

Il y a donc deux parts à faire dans les monuments romains : celle du constructeur économe qui s'occupe seulement de la résistance des matériaux, et celle du décorateur qui masque, par une décoration d'applique inspirée des formes grecques, une construction de blocage.

Ce dédoublement de l'architecte romain n'est pas très sensible, au moins au début de l'empire, dans l'architecture religieuse. Les grands temples construits à Rome, celui de Mars Ultor au Forum d'Auguste, celui des Dioscures (Castor et Pollux) édifié sur le Forum romain en souvenir de la bataille du lac Régille, et reconstruit par Tibère l'an VI de notre ère, ne s'écartent guère des meilleures traditions de l'art grec. Il y a concordance

Fig. 138. — Temple romain dit la « Maison Carrée » à Nîmes (France, Gard).

apparente entre la structure et le décor, et le marbre qui remplace la pierre poreuse, le travertin, est mis en œuvre avec une rare perfection.

Il semble que les architectes romains, frappés par les somptueux monuments d'Asie Mineure, en aient reproduit les grandes ordonnances, notamment ces portiques qui entouraient les temples, limitant l'espace consacré.

Le décor est aussi emprunté à l'Asie. Vers l'époque où s'élèvent à Ba'albek de magnifiques monuments d'ordonnance corinthienne (fig. 136), ce sont les chapiteaux à feuilles d'acanthe qui couronnent les colonnes du temple consacré sur le Forum par Antonin le Pieux, et c'est le griffon asiatique, entrevu sur les frises et les chapiteaux du Didymeion de Milet, qui est l'ornement principal de la frise du temple romain.

Tous les types créés en Grèce sont reproduits en Italie, depuis le temple rectangulaire dont les murs sont limités par des antes jusqu'au temple circulaire, inspiré de la « tholos » d'Epidaure ou de celle d'Olympie. Le temple de Tivoli (fig. 135), qui est le type le plus parfait de ces temples circulaires, appartient, comme celui de Palestrina « Preneste », à la plus belle époque de l'art romain, à celle qui précède immédiatement l'empire. Le temple circulaire qui subsiste à Rome, près de Santa-Maria in Cosmedin, ne lui est comparable ni pour la beauté des détails, ni pour l'harmonie des proportions. Le chapiteau de la colonne de Tivoli interprète largement la feuille d'acanthe ; la colonne

Fig. 139. — Galeries extérieures de l'amphithéâtre d'Arles (France, Bouches-du-Rhône).

repose sur un soubassement continu par l'intermédiaire d'une base circulaire dépourvue de cette plinthe carrée que les Romains ont ajoutée à la base ionique et qu'ils ont appliquée à toutes les bases, même à celle dont ils ont doté la colonne dorique. Si l'on compare l'ordre du temple de Tivoli aux ordres corinthiens des plus beaux temples élevés pendant l'époque impériale, celui de Jupiter Stator ou celui de Mars Ultor (fig. 137), on trouve à ceux-ci des maigreurs qui semblent indiquer dans l'art religieux un commencement de décadence. Elle s'accuse assez vite par une surcharge d'ornements dans la corniche, mais surtout par un défaut d'harmonie entre les formes et les fonctions des éléments constitutifs de l'entablement.

Dans un entablement grec, l'architrave monolithe a la hauteur qui convient à sa fonction de support; elle est indépendante de la frise, disposée pour recevoir le décor, et celle-ci, souvent évidée, est couronnée par la corniche formant la dernière assise de l'entablement. A Rome, par suite du

Fig. 140. — Grande salle des Thermes de Caracalla (Rome.)

développement exagéré donné aux corniches et de la réduction excessive de l'architrave, celle-ci, ne pouvant plus former une assise résistante, est incorporée à l'assise de la frise, au grand préjudice de la logique et aux dépens de l'aspect.

Ce défaut de concordance entre la forme et la structure est absolument choquant à l'entablement du temple de Saturne, reconstruit sur le Forum

Fig. 144. — Galeries extérieures du Colisée « Amphithéâtre Flavien » (Rome).

après un incendie. Il n'est pas moins apparent au portique du Panthéon de Rome, attribué à Agrippa et précédant la rotonde construite postérieurement au temps de l'empereur Hadrien.

En Gaule, le type adopté soit à Nîmes (fig. 138), soit à Vienne (Isère), est celui du temple dit pseudo-périptère, dont les portiques latéraux ne sont que simulés par les colonnes engagées dans les murs.

C'est sous Hadrien que commence pour l'art romain un retour aux formes grecques archaïques. L'empereur, épris d'art grec, avait fait de sa villa

Fig. 141. — Aqueduc de Fréjus (France, Var).

de Tibur un musée de sculpture antique, tandis qu'il embellissait Athènes de monuments considérables. Sous son règne s'y élevaient le temple de Jupiter Olympien, grand comme le temple d'Apollon à Didyme, et le théâtre d'Hérode Atticus. L'emploi de la brique, qui donne une physionomie particulière à l'architecture impériale, ne s'est généralisé en Italie que lorsque les Romains, au contact des populations de l'Asie, connurent l'emploi des petits matériaux pour la construction des voûtes, et, en firent, pour le soutien de leur maçonnerie de blocage, une application originale. Il est certain, d'après les dates des édifices voûtés, que la voûte de blocage à armature de briques ne fut guère employée en Italie avant le IIe siècle.

A partir de cette époque, elle est usitée non seulement pour les édifices civils, mais encore pour les monuments religieux. Alors sont construites la coupole du Panthéon et les demi-coupoles du temple de Vénus et Rome, commencé sous Hadrien et achevé sous Maxence.

Ce sont les méthodes de construction des voûtes romaines qu'il faut analyser, si l'on veut comprendre et apprécier l'architecture romaine. Le principe de la méthode est l'emploi de petits matériaux bloqués en mortier, formant non pas, comme on le croit généralement, un béton pilonné dans un encaissement, mais une maçonnerie de blocage revêtue tantôt de briques, tantôt de petits matériaux cubiques, taillés avec le plus grand soin et choisis

Fig. 142. — Vue intérieure de l'Amphithéâtre d'Arles (France, Bouches-du-Rhône).

parmi les meilleurs de chaque région, porphyre à Fréjus, grès arkose à Autun, etc.

Pour la voûte, le système caractéristique est l'emploi d'arcs en briques, légers, n'exigeant que de faibles cintres en charpente et se combinant avec des briques transversalement posées pour former de véritables cellules servant de soutien à la maçonnerie de pierres cassées et de mortier. Ce n'était donc pas, comme en Orient, la voûte par tranches de briques, construite sans cintre et qui exigeait des ouvriers très exercés ; c'était la voûte en blocage grossier, que tout ouvrier pouvait exécuter et qui nécessitait seulement la direction d'un chef de chantier pour l'établissement des cintres provisoires en bois et des cintres permanents en briques qui formaient l'ossature de la construction.

Fig. 145. — Vue intérieure du Colisée « Amphithéâtre Flavien » (Rome).

Ainsi sont faites les voûtes colossales des Thermes. Pour celles-ci, on a utilisé des briques plates formant un cintrage continu afin de faciliter la pose du blocage. Ces cintres légers étaient formés d'une double rangée de briques ou de carreaux posés à plat, dont les traces subsistent encore dans la voûte d'une des salle des Thermes de Caracalla.

Bien que ces voûtes pussent être considérées comme des monolithes, elles eussent exercé en se disloquant une poussée considérable qu'il fallait éviter. L'architecte romain pare à ce danger en établissant, de part et d'autre des grandes salles voûtées en berceau ou en arêtes, des salles secondaires dont

Fig. 143. — Vue extérieure de l'Amphithéâtre de Nimes (France, Gard).

les murs perpendiculaires à ceux des grandes salles sont en réalité des contreforts soutenant des voûtes transversales qui complètent la butée.

Ce système est nettement caractérisé par les voûtes de la basilique de Constantin. Les berceaux latéraux qui subsistent encore rendent compte de la construction des caissons faite à l'aide d'anneaux de briques entre lesquels sont ménagés les défoncements d'arcs correspondant aux caissons (fig. 153).

Le plus souvent les deux systèmes d'arcs auxiliaires, formant cintres espacés, et de carrelages, constituant un cintrage continu, sont combinés. On a un exemple de cette disposition mixte dans les voûtes du Palatin.

Telle est la préoccupation d'économie dans l'emploi des cintres provisoires en charpente, que cette économie s'applique même aux voûtes de pierre, appareillées par claveaux et extradossées. Elles sont construites en anneaux parallèles sans liaison, de telle sorte que le même cintre déplacé puisse servir à la construction de chacun des arcs. En outre on pose sans cintre les sommiers et les premières assises pour lesquelles le glissement n'est pas à craindre, et on ménage, sur ces assises, une saillie à ravaler postérieurement, afin de pouvoir y appuyer les cintres. Le pont du Gard est le plus remarquable exemple de cette disposition (fig. 151).

S'il s'agit d'une voûte d'arête, on appareille les pierres d'arêtiers en besace en évitant avec soin les crossettes qui n'ont d'autre résultat que de faire casser les pierres. Ces voûtes ne se rencontrent qu'en Orient. Dans l'art romain

FIG. 146. — Galeries extérieures et gradins au Théâtre d'Orange (France, Vaucluse).

d'Occident, on évite avec soin les pénétrations des berceaux, lorsqu'ils sont construits en pierre appareillée ; par exemple au Colisée et dans l'amphithéâtre de Nîmes, la naissance des voûtes annulaires des galeries est relevée au-dessus de l'extrados des arcades extérieures afin d'éviter toute pénétration.

A l'amphithéâtre d'Arles, c'est sur des linteaux soutenus par de fortes consoles, que sont appuyés les berceaux correspondant à chaque travée de la galerie du premier étage (fig. 139).

Au contraire s'il s'agit de voûtes en blocage, par exemple de celles qui couvrent les grandes salles de Thermes (fig. 140), on utilise la voûte d'arête qui facilite dans les murs pignons l'ouverture de baies pour l'éclairage, et les arêtiers sont renforcés par des nervures de briques. On en trouve une application aux Thermes de Caracalla et de Dioclétien.

Dans les coupoles, le blocage est soutenu sur des nervures méridiennes prenant appui sur des arcs qui reportent la charge sur les points d'appui.

FIG. 147 — Théâtre de Taormine (Sicile). Vue prise des gradins sur la mer et l'Etna.

C'est la disposition employée à la rotonde du Panthéon et à celle du temple de Minerva Medica.

Les murs formant tambour de ces coupoles, si évidés qu'ils soient par des niches, conservent des parties pleines faisant office de contreforts et prises dans la construction. Au théâtre de Taormine, les niches ont un couronnement angulaire qui utilise mieux que le couronnement en arc les matériaux façonnés à épaisseur régulière.

Pendant l'époque impériale, la brique plate et la tuile forment le liaisonnement des murs en blocage. Ainsi sont construits les piles et arcs de l'aqueduc de Fréjus (fig. 141), où des assises de briques doubles alternent sur le parement avec les petits cubes de grès ou de porphyre.

Le même système est employé à l'amphithéâtre de Bordeaux, dit palais Gallien, et l'usage de voûtes rampantes pour le soutien des gradins conduit à une disposition de murs rayonnants sur lesquels s'annulent les poussées de sens contraire.

Ces méthodes de construction créées par les architectes romains ont rendu réalisables à peu de frais les édifices publics de dimension extraordinaire qui font le mieux connaître les mœurs de la Rome impériale, et qui assuraient à chaque empereur la faveur populaire. Chacun d'eux s'efforce de la capter en flattant les goûts du peuple pour les combats d'animaux féroces et de gladiateurs, pour les Thermes affectés non seulement aux bains, mais aux exercices du corps et aux distractions de toute sorte.

Il fallait en même temps, pour faire sentir jusqu'aux confins de l'empire la puissance romaine, créer sur tout le territoire de grandes voies de communication, construire des ponts, élever des aqueducs pour amener jusque dans les villes les eaux de sources captées au loin, et l'organisation de la légion romaine facilitait l'exécution de ces travaux d'utilité publique, pour lesquels on employait, suivant les ressources de chaque province, ici les matériaux de blocage, là les matériaux appareillés. Il fallait encore protéger les villes par des enceintes, y ménager des portes d'aspect monumental.

Si l'on songe à l'étendue de l'empire, au prestige que lui assurèrent pendant les deux premiers siècles de notre ère ses succès militaires, on s'explique le nombre et l'importance des monuments commémoratifs, arcs de triomphe ou colonnes, élevés en l'honneur des empereurs, et qui, jusque dans les provinces lointaines, témoignaient de la puissance romaine.

## LES ÉDIFICES PUBLICS

Les Romains, considérant les ordres grecs comme des motifs de décoration, ont essayé de fixer, sans avoir égard à la construction, les rapports des éléments qui les composent, colonnes, entablement, fronton, etc. Les mesures relevées sur les monuments anciens ont servi à établir ces rapports, qui ne sont que des moyennes, pour les diamètres et les espacements des colonnes, pour les hauteurs des bases, des fûts et des chapiteaux, pour les divisions de l'entablement, architrave, frise et corniche, pour la hauteur des frontons. Ainsi naissait la théorie absolument fausse de la subordination d'un édifice à des proportions relatives, indépendantes des dimensions réelles, et qui autorise le grandissement ou le rapetissement proportionnel des divers éléments qui le composent, sans tenir compte de l'échelle humaine. Cette théorie arbitraire des ordres établie par l'architecte Vitruve, qui, croit-on, vivait au temps d'Auguste, ne pouvait avoir qu'une influence fâcheuse sur l'art romain.

D'ailleurs les ordonnances grecques, et particulièrement l'ordonnance dorique, étaient complètement déformées, même au début de l'empire, ainsi qu'on le constate à Pompéi, où l'influence de l'art grec était pourtant bien vivace. Les profils très étudiés de l'architecture grecque sont remplacés par des profils tracés au compas : on cherche à soumettre à un tracé géométrique

FIG. 148. — Vue de la scène au Théâtre d'Orange (France, Vaucluse).

jusqu'aux volutes du chapiteau ionien. On lui préfère d'ailleurs le chapiteau à feuilles d'acanthe, ou à feuilles d'olivier, qu'on surmonte d'un entablement très riche où se retrouvent les denticules de la corniche ionienne. Bientôt on associe la corbeille de feuilles d'acanthe aux volutes ioniennes : c'est le chapiteau composite, dont de beaux spécimens subsistent aux thermes de Caracalla.

On fait mieux encore, on superpose les ordres couronnés de leurs entablements, suivant la superposition des étages, sans souci des mélanges de style, et dans des édifices très importants comme le théâtre de Marcellus ou le Colisée de Rome, on associe les arcs des galeries aux plates-bandes des entablements, au mépris même de la théorie des ordres, puisque des colonnes d'ordres différents se trouvent également espacées dans des étages de même hauteur. Ce sont des œuvres de barbares, comparées aux œuvres grecques dont elles prétendent s'inspirer.

Dans des pays où la tradition grecque était moins affaiblie, en Afrique par exemple, les ordres superposés étaient au moins de même style. On peut le constater à l'amphithéâtre d'El-Djem, édifice colossal entièrement construit en pierre, et qu'on est surpris de trouver dans un pays presque désert, à moitié enfoui sous les sables.

Mais les défauts de goût et de logique disparaissent devant l'extraordinaire conception de l'amphithéâtre, de cet édifice construit sur un plan

Fig. 149. — Vue extérieure du grand mur de scène au Théâtre d'Orange (Vaucluse).

elliptique aussi favorable à la disposition de l'arène qu'à l'agencement des gradins, où chaque étage est desservi par une galerie extérieure, où des circulations très larges obtenues par des couloirs horizontaux ou par des escaliers rampants donnent accès aux différentes places, où les gradins reposent directement sur les voûtes inclinées, sans qu'il y ait une parcelle de terrain perdue (fig. 142). C'est vraiment là une création magnifique de l'art romain.

Le plan elliptique des amphithéâtres fut adopté invariablement en Italie, en Gaule et en Afrique. Ceux qui subsistent à Rome, à Vérone, à Capoue, à Pouzzoles, à Arles, à Nîmes (fig. 143), à El-Djem sont tous parfaitement appropriés au genre de spectacle qu'affectionnaient les Romains. Les matériaux seuls diffèrent. En Provence comme en Afrique, c'est la pierre de taille

Fig. 150. — Nymphée ou salle fraîche dépendant des Thermes de Nîmes (France, Gard).

appareillée qui est l'élément principal de la construction; au Colisée (fig. 144) la pierre n'est employée que pour les galeries extérieures : les voûtes rampantes qui couvrent les escaliers ou portent les gradins sont en blocage et en briques (fig. 145).

A l'amphithéâtre de Bordeaux, dit *Palais Gallien,* construit à la fin de l'empire, ce sont de petits cubes de pierre qui forment le revêtement des murs. La brique et la tuile y sont employées comme éléments décoratifs des façades et comme chaînages.

On voit encore, à l'amphithéâtre de Capoue et au Colisée, les entrées

FIG. 151. — Aqueduc sur la vallée du Gardon, dit le « Pont du Gard » (France, Gard).

des loges souterraines où étaient enfermés les fauves, et qui communiquaient, par des plans inclinés, avec l'arène, que des murs assez élevés, formant l'enceinte du *Podium*, séparaient des spectateurs.

Le théâtre romain, bien que rappelant par sa forme le théâtre grec, s'en distingue par l'addition des galeries circulaires contournant les gradins (fig. 146).

L'adossement du théâtre à une colline donnait dans les théâtres, en Grèce, un soutien naturel aux gradins. Cette disposition, qui avait le grand avantage de contribuer, par la beauté des sites, à l'effet de l'architecture, n'a été conservée par les Romains que pour des édifices d'origine grecque tels que le théâtre de Taormine ou le théâtre d'Hérode Atticus, à Athènes, voisin du théâtre de Dionysos.

D'ailleurs, les diverses parties de l'édifice furent modifiées en vue des

Fig. 152. — Tour « Magne », contiguë à l'ancien réservoir alimentant en eaux potables la ville de Nimes (France, Gard).

représentations théâtrales qui, pour satisfaire aux goûts des Romains, faisaient une large part aux défilés de cavaliers, de chars et d'animaux. Le développement donné à la mise en scène eut pour conséquence l'augmentation de la saillie de l'estrade qui empiéta sur l'orchestre. L'orchestre, dans le théâtre grec, demeurait libre pour les évolutions des chœurs, autour de l'autel de Dionysos.

Dans le théâtre romain, ce n'est plus qu'une enceinte réservée aux sénateurs et aux personnages de distinction.

A Taormine (fig. 147), le voisinage de la mer et de l'Etna formait un cadre grandiose au théâtre dont le grand mur de scène est enrichi d'ordonnances qui devaient former une décoration permanente vraiment majestueuse.

Fig. 153. - Ruines de la basilique de Constantin (Rome).

Ce mur de scène, percé de trois portes, avec des avant-corps, existe encore à Athènes au théâtre d'Hérode. Si l'on en juge par les indications qui subsistent sur les murs de la scène au théâtre d'Orange (fig. 148), celle-ci devait être couverte. Le fond était doublé par une galerie et le grand mur était décoré extérieurement d'arcades et de niches (fig. 149).

Le théâtre d'Arles, engagé en partie dans les maisons, avait les dispositions communes aux théâtres grecs et romains, c'est-à-dire les gradins en hémicycle et le passage séparant l'orchestre de la scène. Mais il était, comme celui d'Orange, construit de toutes pièces. Cette disposition facilitait, pour le théâtre comme pour l'amphithéâtre, la création des galeries extérieures demi-circulaires donnant accès par des galeries rayonnantes utilisées comme passage aux différents gradins.

Les édifices publics qui partageaient avec le théâtre et l'amphithéâtre les

FIG. 154. — Arc de Septime Sévère, sur le forum Romain (Rome).

faveurs du peuple, étaient les thermes créés par les empereurs pour la plus grande joie des désœuvrés qui pullulaient dans les grandes villes. Dans la seule ville de Rome, on compte cinq grands établissements de ce genre, les thermes d'Agrippa situés en arrière du Panthéon ; les thermes de Titus, fondés en l'an 80 et agrandis par Domitien et par Trajan ; les thermes de

Caracalla, commencés en 212, agrandis par Heliogabale et achevés par Alexandre Sévère; les thermes de Constantin, qui occupaient la place du Quirinal; les thermes de Dioclétien, les plus considérables, dont une grande salle voûtée forme aujourd'hui l'église Sainte-Marie-des-Anges.

Les ruines des thermes d'Agrippa, découvertes de 1881 à 1882, sont encore englobées dans des maisons. Celles des thermes de Titus ont été

FIG. 155. — Arc de triomphe à Saint-Rémy (France, Bouches-du-Rhône).

déblayées en 1813. La construction de ces grands édifices met en lumière le talent dont firent preuve les architectes romains, pour satisfaire aux programmes les plus compliqués en employant les méthodes de construction les plus hardies et les mieux appropriées à l'utilisation des édifices.

Dès la construction des thermes de Titus, on appliquait à la couverture des grandes salles le système des voûtes d'arête en blocage et nervures de briques, appuyées sur des contreforts intérieurs que reliaient des voûtes en berceau. Cette disposition est celle des voûtes des thermes de Caracalla (fig. 140), dont les ruines grandioses s'imposent à l'admiration, et qui demeurent comme l'amphithéâtre Flavien, le Colisée, l'un des monuments-types de l'architecture romaine.

Les thermes que les mœurs de l'époque impériale transformaient en lieux de plaisirs, et où le peuple romain pouvait participer aux exercices du corps et de l'esprit, étaient entourés de constructions accessoires dont le développement était considérable : c'étaient des salles d'attente pour les esclaves, des salons de conversation ou de lecture, des restaurants et des

Fig. 156. — Arc de triomphe à Orange (France, Vaucluse).

boutiques. C'étaient encore des gymnases, des jardins entourés de portiques, des stades pour la course, des palestres pour la lutte, des sphéristères pour le jeu de balle.

Les bains proprement dits comprenaient plusieurs divisions, la salle tiède (*cella tepidaria*), le bain chaud (*caldarium*), le bain de vapeur (*laconicum*), la salle de frictions et de massages (*unctorium*), la piscine d'eau froide pour la natation. Ces divisions se retrouvent dans tous les thermes romains.

Aux thermes de Caracalla, c'est la *cella tepidaria*, couverte par des voûtes d'arête, qui occupait le centre de l'établissement entre la piscine et la rotonde affectée aux bains chauds. Des salles dont la température était adoucie par des conduits d'air chaud placés sous le sol, ménageaient la

FIG. 157. - Porte d'Arroux (*Porta Senonica*) à Autun (France, Saône-et-Loire).

transition entre le bain chaud et l'air extérieur. Les entrées principales étaient à gauche et à droite de la grande piscine.

Pour être moins grandioses, les thermes construits dans les provinces avaient encore un développement considérable. Ceux de Nîmes subsisteraient encore si, au milieu du XVIIIe siècle, une promenade publique, agrémentée d'effets d'eau, n'avait recouvert les constructions antiques édifiées à proximité d'une source, que des canaux faisaient communiquer avec les thermes. La partie la plus intéressante qui ait été conservée est un nymphée ou salle fraîche, que des portiques reliaient aux bains (fig. 150). Cette salle, entièrement construite en belle pierre d'appareil, est couverte par une voûte en berceau sur arcs doubleaux. Ces arcs superposés à des colonnes adossées soutiennent des dalles concentriques accusant comme un motif de décoration l'ossature même de la voûte. Les voûtes des galeries latérales qui contrebutaient la voûte centrale étaient construites en échelons, suivant la pente des escaliers qui conduisaient à des terrasses.

Fig. 158. — Soubassement de la Colonne Trajane (Rome).

Il est peu de villes romaines où les fouilles n'aient mis à découvert des thermes de quelque importance.

L'alimentation en eau de ces villes avait nécessité la construction d'aqueducs. Celui qui alimentait la ville de Nîmes et traversait la vallée du Gardon (fig. 151), est formé de deux étages d'arcades superposées, étresillonnant les piles, et d'un dernier étage d'arcs plus petits, soutenant le chenal d'écoulement des eaux. La disposition de ces berceaux formés d'arcs parallèles fait de l'aqueduc ou pont du Gard un type caractéristique de construction lapidaire. C'est en même temps une œuvre d'art répondant parfaitement à son programme. Il aboutissait à un château d'eau ou réservoir des eaux de la ville, dont un témoin, la « Tour Magne » (fig. 152), subsiste encore.

Des aqueducs ont été établis dans tous les pays où les Romains ont fondé des villes. La campagne romaine est sillonnée par ces aqueducs, qui conduisaient à d'immenses réservoirs les sources captées dans les montagnes de la Sabine. Le chenal traversait les collines dans des galeries souterraines et franchissait les vallées sur des arcades dont les piliers variaient de hauteur suivant les inégalités du terrain. Des aqueducs de pierre appareillée existent encore en Espagne, à Segovie et à Tarragone, en Afrique, à Zaghouan. Ce sont autant de témoins de la puissance de l'empire.

A Rome, le peuple partageait son temps entre les plaisirs que lui offraient les édifices publics, et les affaires qui, dès l'origine de la république, se traitaient sur une place située entre le Palatin et le Capitole, et qu'on appelait le Forum. Cette place, où se réunissaient tous les citoyens, devint bien vite un marché entouré de boutiques. Elle fut, comme l'agora en Grèce, le rendez-vous des oisifs. Les édifices qui y furent élevés devaient être utilisables à la fois pour la vie politique et pour la vie des affaires.

La basilique fut à la fois un tribunal, une salle de pas-perdus et une bourse. C'était une salle divisée dans le sens de la longueur par deux files de colonnes ou de piliers. La nef centrale, plus large que les deux autres, était terminée souvent en forme d'hémicycle ; c'est là que siégeait le tribunal. Ces édifices ne datent que de l'époque impériale.

Un emplacement était réservé sur le Forum aux « rostres », à la tribune aux harangues. Les fouilles récentes semblent en avoir découvert les substructions.

Sous l'empire, les deux grands côtés du Forum étaient occupés par les basiliques Julia et Emilia. Aux angles étaient les temples des Dioscures (Castor et Pollux), celui de Saturne, et la Curie ou palais du Sénat. Au pied du Capitole et derrière le temple de la Concorde, réédifié sous Tibère, s'élevait le Tabularium, ou dépôt des tables de la loi. Un arc de triomphe élevé à Septime Sevère marque encore, sur le Forum, l'emplacement de la voie sacrée (fig. 154).

C'est au nord-est du Forum romain que s'étendaient les Forums des empereurs : celui d'Auguste précédant le temple de Mars Ultor (fig. 137), celui de Nerva, à l'extrémité duquel sont les ruines du temple de Minerve, celui de Vespasien, au centre duquel était le temple de la Paix. Le plus important était celui de Trajan, situé entre le Capitole et le Quirinal. Là était la basilique Ulpienne et les bibliothèques, situées de part et d'autre de la colonne Trajane (fig. 158).

Les basiliques construites sous l'empire, en bordure des places publiques, furent les lieux de réunion les plus fréquentés. Ainsi s'expliquent les dimensions colossales qui leur furent données, lorsque le système de construction imaginé pour les thermes s'étendit à tous les édifices publics. A la basilique de Constantin, la voûte de la nef a vingt mètres d'ouverture et trente-cinq mètres de hauteur (fig. 153). La modification de l'entrée, qui était d'abord du côté du Colisée, et fut reportée ensuite sur la voie sacrée, explique les deux absides de cette basilique.

De la reconstruction de Rome sous l'Empire date le palais des Césars, dont les divisions principales sont celles de la maison romaine ; le *Peristylium*, grande cour à portiques, précédée du *Tablinum* (pièce réservée aux archives), que flanquaient à gauche le *Lararium* (salle consacrée aux dieux lares), à droite la *Basilica*, et qui, à l'extrémité opposée, donnait accès au *Triclinium* ou salle de festins, accompagnée de salles fraîches.

Les chambres s'ouvraient latéralement sur le peristylium. La palestre impériale, voisine du palais, comprenait un exèdre, des thermes, et des constructions secondaires distribuées autour d'un stade.

Les empereurs qui, du sommet du Palatin, voyaient à leurs pieds les édifices du Forum et la foule asservie qui y circulait, pouvaient s'égaler aux dieux et se croire dignes des honneurs divins qui leur étaient rendus.

C'est pour honorer la majesté impériale qu'étaient érigés les monuments triomphaux rappelant les victoires des empereurs.

L'arc de triomphe est une porte monumentale, flanquée ou non de portes

Fig. 159 — Voie triomphale à Thamugadi « Timgad » (Algérie).

secondaires, surmontée d'un étage bas ou « attique » que couronnait souvent un char attelé de chevaux, image de la pompe triomphale.

Primitivement, l'arc de triomphe était simple. Celui d'Auguste à Rimini n'est guère plus riche que la porte de Pérouse ; celui de Titus à Rome, rappelant la défaite des Juifs en 70, est plus orné. La voûte est décorée de caissons ; des bas-reliefs rappelant la prise de Jérusalem se développent sur les piedroits du passage ; dans les tympans sont des victoires aux ailes éployées. La richesse du décor s'accorde du reste très bien avec les lignes de l'édifice. L'arc de Septime Sévère, érigé en 203 en mémoire des victoires remportées sur les Parthes et les Arabes, a sa façade surchargée d'ornements, et l'appareil en est assez défectueux (fig. 154).

Les défauts sont plus apparents encore à l'arc de Constantin, qui fut construit en 311, après la défaite de Maxence. La sculpture du IVe siècle était si pauvre, que l'arc de Constantin fut orné de bas-reliefs et de médaillons arrachés à l'arc de Trajan.

N'est-il pas intéressant de constater que l'art décoratif des Romains, celui qui s'inspirait des traditions grecques, était en complète décadence à l'époque même où les méthodes de construction les plus hardies étaient appliquées à des édifices de dimensions colossales, tels que la basilique de Constantin?

Les arcs de triomphe élevés en Gaule, à Orange dans le département de

Fig. 160. — Maison du Faune, à Pompeï.

Vaucluse, et à Saint-Rémy près de Tarascon, ont les qualités et les défauts des monuments similaires d'Italie. A Saint-Rémy (fig. 155), la sculpture des bas-reliefs est d'un style assez pur, justifiant l'attribution de l'édifice au premier siècle de l'empire. L'exubérance du décor semble assigner à l'arc d'Orange une date postérieure (fig. 156).

L'érection de portes monumentales ne fut pas limitée à la glorification de faits de guerre.

A Autun « Augustodunum », ville romaine construite sous Auguste, la porte d'Arroux (*Porta Senonica*) est une œuvre d'art d'un grand caractère (fig. 157). Elle est formée de deux grandes arcades pour les chars et deux arcades secondaires pour les piétons. L'appareil très soigné et les moulures d'imposte et d'archivolte forment toute la décoration du mur dans lequel sont percées les portes. La corniche qui les couronne est surmontée d'une galerie de petites arcades, séparées par des pilastres d'ordre corinthien. Elles prolongeaient au-dessus des portes le chemin de ronde du rempart, et étaient sans doute couvertes par les dalles d'un plafond de pierre. En remontant vers le Nord on trouve des portes romaines à Langres, à Trèves. Celle de Trèves était flanquée de deux tours que contournaient les galeries de couronnement.

Les colonnes triomphales étaient aussi nombreuses que les arcs de triomphe. La plus magnifique est celle qui fut érigée par le Sénat romain en l'honneur de Trajan, vainqueur des Daces (fig. 158). Elle était en marbre, évidée par un escalier à noyau plein, qui aboutissait, au-dessus du tailloir du chapiteau, à une plate-forme entourée d'une grille d'appui. Sur le socle sont des trophées d'armes, et à chaque angle un aigle tenant dans ses serres une guirlande de lauriers. Des bas-reliefs représentant des épisodes de guerre s'élèvent en spirales sur le fût de la colonne, qu'ils couvrent entièrement.

Les Romains avaient si bien le goût des monuments commémoratifs élevés dans un moment d'enthousiasme, qu'ils ont bordé de colonnes à Thamugadi « Timgad », en Afrique, une voie triomphale, aboutissant à une porte monumentale (fig. 159). Un arc triomphal existe encore à Saintes ; c'est un monument de basse époque, qui devait avoir grand air lorsqu'il formait, avant son déplacement, l'entrée d'un pont.

## L'ARCHITECTURE PRIVÉE

L'architecture privée des Romains nous est connue surtout par les fouilles d'Herculanum et de Pompéi, pour la période comprise entre les dernières années de la république et les premières de l'empire. A Pompéi, les maisons, généralement élevées d'un seul étage, formaient des îlots séparés par des rues qui aboutissaient à des places entourées de portiques.

Le centre de la maison était occupé par une cour, *atrium* ; des poutres allant d'un mur à l'autre, ou, si la cour était grande, portées sur quatre piliers, soutenaient des auvents dont les pentes dirigeaient les eaux pluviales vers la partie centrale de la cour qui restait à découvert. Un petit bassin, *impluvium*, recueillait les eaux qu'une rigole évacuait au dehors. Autour de l'atrium étaient des chambres qui prenaient jour sur la cour par des portes que fermaient des tentures.

Cette disposition de cour intérieure, protégée par des auvents contre l'ardeur du soleil, et souvent rafraîchie par des eaux vives, est celle qui convient aux pays méridionaux. Elle était usitée en Orient, et les Grecs l'adoptèrent après les Romains ; c'est encore aujourd'hui le *patio* de la maison espagnole, et le *cortile* de la maison italienne.

Dans les maisons importantes, des ailes « alæ » s'ouvraient sur l'atrium de part et d'autre d'une salle, *tablinum*, où étaient conservées les archives domestiques.

Après la conquête de la Grèce, la maison romaine développa, en les amplifiant, les dispositions consacrées par un long usage. L'atrium ne fut plus qu'une première cour de service entourée de pièces secondaires communiquant parfois avec des boutiques où étaient vendus par des esclaves les fruits ou légumes provenant de la culture des terres, ou les objets fabriqués. L'atrium devenait en réalité un vestibule servant à l'expédition des affaires et à la réception des clients. C'est sur l'atrium que s'ouvrait la pièce affectée aux dieux lares, le *lararium*. La maison dite « de Pansa » à Pompéï est le type de la maison du citoyen riche aux premiers temps de l'empire : elle rend bien compte de la distribution nouvelle de la maison.

L'habitation avait été reportée en arrière de l'atrium, autour d'une cour-péristyle assez vaste, dont un bassin d'eau vive occupait le centre. On y accédait par un passage étroit « fauces », longeant latéralement le tablinum. Les colonnes de la cour-péristyle soutenaient, comme les piliers de l'atrium, un comble saillant.

Du côté opposé à l'entrée était la salle (*œcus*) dont le nom d'origine grecque indique assez la destination. C'était le lieu de réunion de la famille : elle avait vue sur un jardin, ou si la place faisait défaut, sur un paysage simulé en peinture. Dans la maison du Faune (fig. 160), à Pompéi, le tablinum est flanqué de l'œcus et du *triclinium* (salle à manger). Des chambres à coucher (*cubicula*) s'ouvraient sous le péristyle. Une allée conduisant à une porte extérieure permettait au maître du logis de quitter la maison en évitant les importuns qui pouvaient l'attendre dans l'atrium.

La distribution générale d'une maison romaine variait nécessairement suivant la forme du terrain et suivant la fortune du propriétaire : ainsi la maison d'Epidius Rufus, à Pompéi, avait un nombre considérable de pièces accessoires.

Parfois l'habitation avait deux étages : telle la maison dite du « Labyrinthe » à Pompéi, comprenant un bâtiment entre deux cours dont la dernière aboutissait à un jardinet aux murs couverts de perspectives peintes tendant à simuler un jardin plus étendu

Les maisons, sauf dans la partie affectée aux boutiques, n'avaient sur la rue que de rares ouvertures, et ces rues continues étaient d'aspect monotone. Les rues avaient, comme les voies romaines, un dallage de blocs irréguliers au milieu desquels on remarque des pierres saillantes, facilitant peut-être le passage d'un trottoir à l'autre en cas de pluie.

C'est sur les cours intérieures que les différentes pièces prenaient le jour

FIG. 161. — Tombeau érigé à Saint-Remy par Sextius Lucius Marcus (France, Bouches-du-Rhône).

et l'air, et rien n'avait été négligé pour faire de la cour-péristyle autour de laquelle étaient groupées les pièces principales, un lieu de plaisance. Derrière les colonnes garnies de stuc se développaient les fresques (fig. 167), ou les décorations ornementales aux tons vigoureux. Sur des piédestaux de marbre se dressaient des statuettes de marbre ou de bronze ; des fontaines jaillissantes complétaient le décor, auquel participaient les mosaïques du dallage (fig. 171).

Si les maisons de Pompéi nous font connaître la vie intime des Romains, elles rendent sensibles les défauts de concordance entre la construction et le décor, et surtout le goût pour le placage, pour le trompe-l'œil, qu'ont toujours eu les Romains. Le stuc masque la construction grossière des murs; il enveloppe les colonnes de tuf dont il dissimule soigneusement les joints.

La matière n'intervient pas dans le choix des formes, et le Romain enrichi, confondant l'art avec le luxe, exagère l'emploi des décors d'applique, placages de marbre, revêtements de stuc, etc. Lors même que les colonnes sont en pierre, c'est le stuc qui donne les formes définitives de la sculpture, comme on peut le constater à Pompéi. Parfois aussi les matériaux lapidaires sont remplacés, pour les colonnes cannelées, par des briques moulées, et c'est encore l'enduit qui donne l'illusion d'une colonne monolithe.

La villa n'est, sous l'empire, qu'une des formes de la maison de plaisance. Celle de Diomède, à Pompéi, était construite sur un terrain en amphithéâtre, et derrière le péristyle s'étendaient des jardins en terrasses.

Parmi ces villas, la plus remarquable est certainement celle que fit élever à Tibur « Tivoli », l'empereur Hadrien. Elle ne comprenait pas seulement la demeure impériale, rappelant par ses divisions la maison de tout citoyen riche; elle contenait encore un théâtre grec, un portique imitant le Pœcile d'Athènes, un stade, des thermes, etc. La Grèce exercait encore une telle séduction sur les Romains contemporains d'Hadrien, que du règne de cet empereur date une sorte de résurrection archéologique de l'art grec.

D'ailleurs Rome, exposée aux violences de la multitude, devenait pour les empereurs une résidence peu sûre, et c'est à Spalato, en Dalmatie, que Dioclétien établissait son palais de plaisance. Les colonnes de Spalato portent directement, sans transitions inutiles, les sommiers d'arcs. Ce premier exemple d'une colonne utilisée comme support et non comme un élément décoratif, indique la pénétration par l'art oriental de l'art romain dégénéré.

L'architecture funéraire des Romains a subi les influences des civilisations étrusques et grecques. Lorsque la civilisation grecque s'imposa à l'Italie, les Romains abandonnèrent les nécropoles souterraines pour les monuments funéraires élevés au-dessus du sol, qui, comme ceux du Céramique à Athènes, furent établis en bordure des voies publiques, à l'extérieur des villes. La Voie des Tombeaux a été mise à découvert à Pompéi. A Rome, c'était sur la Via Appia qu'ils étaient érigés.

Les formes de ces tombeaux étaient très variées. Celui de Cornélius Scipio Barbatus, qui est l'un des plus anciens, avait l'aspect d'un sarcophage. La forme du tumulus adoptée par les Étrusques pour les tombeaux érigés au-dessus du sol ne fut pas abandonnée: cette forme subsiste à Albano au tombeau dit des Horaces, à Rome au tombeau de Cécilia Metella, femme de Crassus. Le sarcophage était placé dans une tour cylindrique surmontée d'un plafond conique qui donne lieu de penser qu'un cône devait couronner primitivement l'édifice. Un sarcophage en forme de cuve est conservé au palais Farnèse.

Fig. 162. — Buste de Marciana, sœur de Trajan. (Louvre.)

Le tombeau du tribun Caïus Sextius, près de la porte Saint-Paul, a la forme d'une pyramide. Il est construit en briques et revêtu de marbre.

Le plus considérable des monuments funéraires élevés à Rome est le mausolée d'Hadrien, connu sous le nom de château Saint-Ange. Il s'appuyait sur un soubassement de forme carrée, actuellement enfoui sous le sol. Le corps principal du monument était une tour cylindrique décorée de deux galeries superposées de colonnes. Il était surmonté d'un énorme cône de pierre portant la statue colossale de l'empereur. C'était un souvenir des monuments grecs d'Orient, peut-être du célèbre tombeau de Mausole.

L'organisation de la famille romaine avait nécessité, dès la fin de l'empire, la construction de monuments assez vastes pour réunir, dans le caveau d'une famille, tous ceux qui, de près où de loin, lui avaient appartenu. Tel est le tombeau collectif de la « gens Cornelia » retrouvé sur la Voie Appienne. Sous l'empire, la clientèle attachée à de puissantes familles nécessita l'agrandissement du tombeau familial, et l'on dut établir, à proximité, des caveaux voûtés à parois évidés «columbaria», contenant dans une série de niches demi-circulaires des urnes «olla» renfermant les cendres des défunts. Le columbarium des affranchis d'Auguste et de Livie contenait plus de trois mille de ces urnes.

Les monuments funéraires sont aussi importants dans la Gaule romaine que dans l'Italie. L'un des plus remarquables est le tombeau de saint Rémy, en Provence (fig. 161). C'est un mausolée quadrangulaire d'ordonnance corinthienne, reposant sur un soubassement décoré de bas-reliefs, et surmonté d'une colonnade circulaire que couronne un dôme conique revêtu d'écailles. Sous la colonnade et dans un demi-jour mystérieux sont les statues des défunts. Une inscription de style archaïque rappelle que le mausolée fut érigé par Sextius Lucius Marcus à la mémoire de ses parents.

Fig. 163. — Buste de Sénèque, trouvé à Herculanum. (Musée de Naples.)

Avec les mœurs orientales, se manifeste un retour à l'usage de l'inhumation dans des sarcophages en forme de cuves, décorés de bas-reliefs. Cette forme fut conservée dans le Midi de la Gaule au premier âge du christianisme, et c'est par des bas-reliefs interprétant les scènes de l'Ancien et du Nouveau Testament que les tombes chrétiennes se distinguent des tombes païennes. Ces sarcophages ont été recueillis en grand nombre au musée d'Arles ; un autre existe dans la crypte de l'église du Mas-d'Aire (Landes). Le couvercle est décoré aux angles de masques dans le goût romain, et de part et d'autre d'un cartouche attendant une inscription, sont, à droite, le sacrifice d'Abraham, à gauche, Jonas rejeté par la baleine; au centre de la cuve est figuré le Bon Pasteur.

D'autres monuments funéraires en forme de stèles ont été recueillis au musée de Bordeaux. L'un s'élevait sur le tombeau d'un sculpteur, Amandus, qui est figuré assis dans l'attitude du travail. Sur un autre est représenté un enfant tenant dans ses bras un jeune coq dont un chien mord la queue. L'expression des figures et la justesse des mouvements caractérisent ces œuvres provinciales, qui semblent témoigner d'une influence nouvelle dans l'art romain, celle d'une civilisation celto-germanique, qualifiée barbare par les Romains, mais qui fournit à l'art grec oriental, grâce sans doute à une communauté d'origine, le terrain le plus favorable à la culture et au développement de cet art en Occident.

## LA SCULPTURE ET LA PEINTURE DANS L'ART ROMAIN
## LES APPLICATIONS DE L'ART AU MOBILIER

L'art grec, dès le v^e siècle avant notre ère, avait brillé d'un tel éclat qu'il s'était imposé à tous les conquérants, aux Romains comme aux Macédoniens. Jusqu'au II^e siècle avant l'ère chrétienne, l'école de Phidias avait maintenu

Fig. 164. — Pieds de table à corps de griffons dans la maison de Cornelius Rufus, à Pompeï.

dans la sculpture grecque des traditions d'élégance et d'harmonie ; elles se continuèrent en Asie Mineure dans les petits royaumes qui se formèrent après la dissolution de l'empire éphémère d'Alexandre.

Sans doute, la sculpture s'était modifiée, s'attachant à la recherche du caractère individuel, mais elle conservait en Attique, jusqu'à l'ère chrétienne, les traditions des belles formes et des lignes simples. La statue d'un personnage romain, conservée au musée du Louvre, et qui paraît dater du premier siècle avant notre ère, porte la signature de Cléoménès Athénien.

C'est après la conquête de la Grèce que Rome s'enrichit des œuvres de la sculpture grecque.

Les généraux vainqueurs, Marcellus après la prise de Syracuse, Fabius Maximus après la prise de Tarente, Flaminius après la conquête de la

Fig. 165. — Frise provenant du forum de Trajan, Musée du Latran (Rome).

Macédoine, rapportèrent à Rome des statues de marbre ou de bronze, et Mummius traita Corinthe comme plus tard lord Elgin a traité Athènes.

Mais ce ne furent pas seulement les œuvres d'art qui émigrèrent en Italie après la prise de Corinthe, ce furent aussi les artistes, et c'est surtout dans l'école d'Asie Mineure qu'ils étaient recrutés. On cite parmi les sculpteurs grecs attirés à Rome, Archelaos de Priène, et Agasias d'Ephèse, l'auteur du *Gladiateur combattant*. On cite encore deux sculpteurs athéniens, Apollonios et Cléoménès, auquel on attribue la *Venus de Médicis*.

Pasitélès était originaire de la grande Grèce.

Dans sa belle étude sur l'Art antique, Rayet a mis en évidence les caractères originaux de la sculpture romaine, qui ne commencent à se développer que sous l'empire du Ier au IIe siècle de notre ère. C'est par le portrait que se distingue surtout le statuaire romain. Les courtisans élevaient des statues aux empereurs ; on en érigeait d'autres en l'honneur de généraux victorieux, de gouverneurs de provinces ou de bienfaiteurs de villes. Les unes, *simulacra achillea*, donnaient au personnage idéalisé une attitude olympienne et par conséquent conventionnelle ; les autres, *simulacra iconica*, étaient des portraits représentant le personnage dans son attitude habituelle ; ce sont ceux qui honorent le plus l'art romain.

Rayet cite comme l'une des plus belles œuvres de la statuaire romaine, la statue d'Auguste, conservée au musée du Vatican, représentant l'empereur revêtu de sa cuirasse et semblant haranguer ses soldats.

Fig. 166. Porte du temple de Jupiter à Ba'albek (Syrie centrale).

Ces caractères de sincérité dans l'expression et de fidélité dans la traduction des traits de la physionomie ne sont pas moins apparents sur le buste d'une jeune Romaine trouvé à la Farnesine, ou sur le buste de Marciana (fig. 162), sœur de Trajan, conservé au musée du Louvre. La tradition grecque survivait, mais le sculpteur, étudiant de près son modèle, apportait à son œuvre cet amour de la vérité qui donne un grand charme à la statuaire. Le buste en bronze de Senèque (fig. 163), trouvé à Herculanum et conservé au musée de Naples, est l'une des œuvres les plus caractéristiques.

Les exquises figures de danseuses, aux gestes bien rythmés, sont aussi à citer parmi les meilleures œuvres de la sculpture romaine. Sa belle période correspond au règne des Césars. Sous les Antonins, l'habileté des praticiens fait déjà tort à la sculpture, qui va déclinant jusqu'à la fin de l'empire.

La sculpture ornementale avait suivi à Rome l'évolution de la statuaire. La meilleure période de production s'étend des dernières années de la république jusqu'à la fin du IIe siècle de notre ère.

Les fouilles de Pompéi, station balnéaire, ne pouvaient fournir, pour cette période de l'art, que des renseignements incomplets ; cependant elles rendent compte de l'influence qu'exerçait encore l'art grec. Les célèbres pieds de table à corps de griffon, trouvés dans la maison de Cornélius Rufus, sont des œuvres grecques contemporaines des chapiteaux découverts à Eleusis et presque de même style (fig. 164). Il s'en faut qu'on puisse leur comparer les bas-reliefs les plus vantés de Rome, ceux du Forum de Trajan ; ceux-ci quoique inspirés de la sculpture grecque d'Asie pour les thèmes décoratifs, qui font songer au décor des frises du temple d'Apollon à Didyme, sont dépourvus des qualités d'observation qui pourraient donner quelque intérêt

FIG. 167. — Frise d'enfants (cortège bachique) dans le triclinium de la maison des Vettii, à Pompéi

aux types composites d'enfants ou d'animaux combinés avec des rinceaux de feuillage (fig. 165).

Sous les Antonins, ce n'est pas en Italie, mais en Syrie, à Ba'albek, ou en Provence, à Arles, qu'on exécutait des sculptures dignes de celles faites à Rome sous les Césars. La porte du temple de Jupiter à Ba'albek est un type magnifique d'une décoration florale très libre, qui s'est propagée dans l'art chrétien d'Orient (fig. 166). D'ailleurs le centre de l'empire se déplaçait suivant que la faveur des prétoriens revêtait de la pourpre impériale tel ou tel chef étranger ; et la liberté relative laissée à chaque province, pour tout ce qui touchait aux croyances, aux usages ou à l'art, explique la formation de ces écoles qui, soit en Asie, soit en Gaule, n'étaient rattachées que par des liens assez lâches aux écoles d'Italie.

La peinture plus encore que la sculpture relevait, en Italie, de l'art grec. D'après les indications de Vitruve, les Romains pratiquaient à la fois la fresque, c'est-à-dire la peinture à la chaux appliquée sur un enduit encore frais, et la peinture à l'encaustique que la cire fixait à chaud. Il semble aussi qu'on ait employé la résine pour l'application à chaud de la peinture. Parmi ces peintures, les plus nombreuses n'étaient que les interprétations d'un décor architectonique sur un fond uni, noir, blanc, jaune ou rouge. Les maisons de Pompéi conservent de nombreux témoins de cette décoration conventionnelle, très acceptable en somme, puisqu'il s'agit d'une interprétation de motifs d'architecture non construits et servant simplement de lignes d'appui ou de cadres à de légers rinceaux ou à des figures. L'une des plus délicates

FIG. 168. — L'Ivresse d'Hercule. Fresque provenant de Pompéi. (Musée de Naples.)

est la décoration du triclinium de la maison des Vettii, dont la frise d'enfants, célébrant un triomphe bachique, a l'allure vive et spirituelle des œuvres françaises du XVIIIe siècle (fig. 167). D'autres peintures étaient sans doute les reproductions de tableaux célèbres, tel l'*Hercule ivre*, découvert à Pompéi, et conservé au musée de Naples (fig. 168).

L'une des plus remarquables par la composition et le style est une fresque d'Herculanum, conservée au musée de Naples, et représentant Hercule et Télèphe (fig. 169). Outre ces tableaux mythologiques ou historiques, les Romains affectionnaient le tableau de genre et le paysage. Mais le peintre

FIG. 169. — Hercule et Télèphe. Fresque découverte à Herculanum. (Musée de Naples.)

romain, comme le sculpteur, semble avoir cherché surtout le caractère de la figure, et parmi les œuvres les plus remarquées provenant des fouilles d'Herculanum ou de Pompéi, la première place appartient aux portraits (fig. 170).

Toutefois, à en juger par les œuvres découvertes à Pompéi, il semble que l'emploi de la fresque y fût de date récente, et que le décor préféré ait été celui de revêtements en plaquettes ou en mosaïques de marbre.

Jusqu'ici les maisons de Pompéi avaient été dépouillées en majeure partie de leur décoration d'applique, recueillie avec les objets mobiliers au musée de Naples.

Depuis les dernières fouilles, on a eu l'excellente idée de conserver en place, notamment dans la maison des Vettii, la décoration et le mobilier des différentes pièces, au bénéfice de l'enseignement, et aussi au grand profit des visiteurs.

C'est dans les écoles alexandrines que s'étaient formés les mosaïstes qui portèrent en Italie les thèmes décoratifs et les procédés d'un art nouveau ; l'usage des mosaïques de marbre pour les dallages et les revêtements fut promptement généralisé dans les provinces. On a trouvé des dallages de mosaïque en Grèce, en Tunisie, en Algérie et en France (fig. 171). Toutes les maisons importantes de Pompéi en étaient pourvues. On avait figuré en mosaïque sur le dallage, à l'entrée, le chien gardien de la maison avec l'inscription : *Cave canem*. La mosaïque formait aussi des frises à rinceaux de feuillages ou de fruits, dans lesquels s'intercalaient des animaux, des masques, etc. (fig. 172).

La mosaïque de verre d'origine orientale n'a été introduite en Italie qu'au v^e^ siècle, pendant le temps de l'occupation de Ravenne par les Goths, et l'une des mosaïques les plus anciennes est la mosaïque à fond bleu du tombeau de Galla Placidia. Cependant l'industrie du verre, propagée d'Egypte en Italie, avait reçu dès le commencement de l'empire des applications nombreuses. Outre les vases et fioles de verre réservés aux usages domestiques, on a trouvé dans les fouilles de Pompéi des plaques de verre gravé à plusieurs couches ayant l'aspect des plus beaux onyx.

Les Romains excellaient dans le travail des métaux, et si les objets mobiliers de bronze recueillis en grand nombre dans les fouilles de Pompéi et conservés au musée de Naples, tables, lits, sièges, trépieds (fig. 173), vases, etc., ne témoignent pas toujours d'un goût très pur, ils font assez connaître la maîtrise des fondeurs et des marteleurs de métal.

Les Romains ne faisaient que continuer d'ailleurs les traditions des Étrusques. Les objets de bronze découverts dans les tombeaux en Étrurie sont aussi parfaits pour la composition et l'exécution que les objets similaires découverts en Grèce.

Sur une grande patère étrusque, conservée à la Bibliothèque Nationale, un décor de boutons et fleurs de lotus en gravure, analogue au décor peint sur les plats rhodiens, occupe le fond. Le manche est formé par une figure nue d'un grand caractère représentant sans doute Polyphème. Le personnage porte sur sa tête et soutient, les bras levés, un motif de décoration à jour qui relie la patère au manche et qui semble représenter les compagnons d'Ulysse. Sur la tête du géant est la volute caractéristique qu'on trouve aussi bien à Rhodes et en Asie Mineure qu'en Étrurie.

Les Etrusques excellaient dans la décoration gravée des cistes ou coffrets de bronze. Ceux qui sont conservés au Louvre sont d'un intérêt particulier pour les sujets représentés qui sont des sujets grecs : par exemple, la légende de Prométhée. La poignée du couvercle est généralement formée par des figures d'acrobates ou de lutteurs dont les gestes très finement observés sont parfaitement rendus en même temps qu'appropriés à la destination de ces figures.

Les bronzes recueillis dans les fouilles de Pompéi indiquent la persistance des formes grecques dans le mobilier romain; mais en Italie, les formes qui

Fig. 170. — Tête de jeune femme (Sapho) provenant d'Herculanum. (Musée de Naples.)

semblent avoir eu le plus de faveur sont les plus compliquées. Les animaux, les figures qui constituent les anses des vases de bronze s'appliquent à des galbes tourmentés et les attaches accusent trop souvent un défaut de composition et d'étude. La figure humaine est employée au hasard : ainsi on forme avec des réductions de bustes en bronze des pesons de balance.

C'est toujours le luxe remplaçant l'art. Les armures de bronze et de cuivre repoussé accusent encore cette tendance de l'art romain ; tandis que les casques trouvés dans les tombes étrusques ont, comme les casques grecs, une décoration très simple, sur un casque trouvé à Herculanum et dont la forme est celle d'un bonnet phrygien, des animaux et des oiseaux forment une bande décorative que soutiennent des rinceaux de feuillages. Les casques de gladiateurs trouvés à Pompéi sont surchargés de bas-reliefs jusque sur le cimier.

Les métaux précieux ont été traités, à la belle époque de l'art romain, avec plus de délicatesse. La vaisselle d'argent trouvée à Bosco-Reale, et donnée au Louvre, fournit les types les plus précieux d'une orfèvrerie délicatement

FIG. 171. — Mosaïque découverte à Nîmes en 1883.

ciselée au repoussé et dont les formes ont une originalité qui caractérise dans l'art romain tous les objets ayant une destination précise.

Une coupe d'argent à deux anses (fig. 174), dont le décor est fait de branches d'olivier chargées de leurs fruits, est peut-être l'œuvre d'orfèvrerie ancienne la plus parfaite qui soit parvenue jusqu'à nous. Les olives exécutées au repoussé sont presque en ronde-bosse, le ciseleur n'ayant conservé que la quantité de métal nécessaire pour rattacher la saillie au fond.

Le décor de ces vases n'est pas toujours d'aussi bon goût. Quelques sujets mêmes paraissent singulièrement choisis; par exemple, la danse macabre, qu'on est surpris de rencontrer à cette époque, et sur un vase à boire.

Un autre trésor découvert à Bernay et conservé à la Bibliothèque Nationale nous montre des vases ou canthares bachiques en argent, dont les thèmes décoratifs, masques, figures et fonds de paysages, sont compliqués et d'un médiocre effet.

Des vases de formes différentes, mais ayant une décoration analogue, ont été recueillis dans un autre trésor, celui d'Hildesheim, dont la provenance

Fig. 172. — Frise en mosaïque de marbre trouvée à Pompeï. (Musée de Naples.)

indique assez le faste que devaient déployer les administrateurs romains jusque dans les provinces les plus lointaines.

Une patère ayant au centre une figure d'Hercule enfant étouffant des serpents est une œuvre beaucoup plus intéressante : elle accuse une composition mieux pondérée, en même temps qu'une véritable perfection dans l'exécution au repoussé du buste et dans le décor gravé du bord de la patère (fig. 175).

Les objets les plus précieux de ces trésors sont peut-être les plus simples. Ainsi, dans le trésor d'Hildesheim, une puisette en argent, dont le manche élégant semble formé par deux tiges fleuries, est plus séduisante que les objets dont le décor est surchargé de figures ou d'animaux en relief.

La céramique est loin d'avoir eu, à Rome, sous l'empire, l'importance qu'elle avait eue en Grèce et dans les colonies grecques. Cela n'est pas surprenant si l'on songe que dès la fin du ve siècle la substitution, pour le décor des vases, des figures claires aux figures à silhouettes noires et l'imitation sur les vases, avec les ressources imparfaites des argiles colorés, des tableaux peints, avait eu pour conséquence en Grèce la décadence de la céramique.

Il ne semble même pas qu'on ait connu à Rome les délicieuses figurines de terre cuite au décor harmonieux de tons rompus et d'or que les fouilles ont

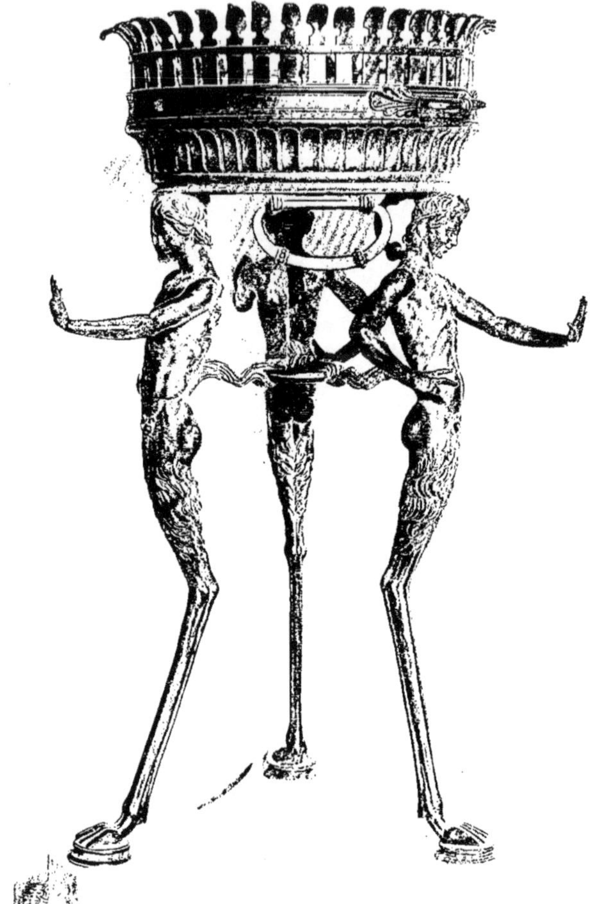

Fig. 173. — Trépied de bronze ayant comme supports trois satyres. (Musée de Naples.)

tirées des tombes de Béotie ou d'Asie Mineure, et qui nous ont fourni de si précieux renseignements sur la Société grecque au IVe et au IIIe siècle.

Ces délicieuses statuettes de jeunes femmes et d'amours aux poses amusantes et coquettes, caractérisant l'art le plus spirituel et le plus fin, ne semblent pas avoir été, comme les vases grecs, importées en Italie.

Cependant on a trouvé à Vulci, à Cæré, des vases de Nicosthènes, et cette trouvaille indique qu'au v^e^ siècle ce potier était aussi célèbre en Italie qu'en Grèce.

On trouve bien encore en Italie des vases de style attique du IV^e^ siècle, caractérisés par le ton noir de la couverte, par les guirlandes de myrthes à feuilles aigues et surtout par la pureté du dessin. Des vases de cette époque ont été trouvés à Nola et à Cumes; mais les formes s'alourdissaient, le décor se compliquait, et à l'époque de la conquête de la Grèce, les céramistes

Fig. 174. — Coupe d'argent à deux anses, ornée de branches d'olivier exécutées au repoussé. Trésor de Bosco-Reale. (Louvre.)

grecs ne pouvaient transmettre aux potiers romains les traditions qu'ils avaient eux-mêmes perdues.

La belle période de la céramique en Italie est celle qui correspond à la civilisation étrusque, dont les traditions se maintinrent durant les premiers siècles de la république romaine.

Les plus anciens vases étaient, suivant leurs dimensions, montés en « colombins », c'est-à-dire façonnés à la main par anneaux de terre superposés, ou faits au tour. Ils étaient ornés de cannelures plus ou moins régulières, ou décorés en relief, sur cordons saillants de terre, par impression de cachets ou de cylindres. C'était un mode de décoration exécutable à peu de frais et qu'accuse la répétition, de deux en deux, ou de trois en trois, des mêmes motifs d'ornements ou d'animaux passants.

L'emploi d'une terre noire et très fine caractérise des poteries qui sont tournées à si faible épaisseur qu'elles semblent exécutées en métal. Elles sont remarquables aussi bien pour les formes déduites de la destination, que pour la qualité de la terre et la perfection de la technique.

Le décor en était réalisé très simplement, comme il convient pour des pièces tournées, soit par dépressions régulières faites au pouce ou à l'aide d'un outil de bois sur cordelettes de terre saillantes, soit par traits incisés sur la panse ou sur le col. La forme des anses, celles des becs, évidés en forme de trèfle, révèlent l'habileté manuelle des potiers.

Dès le IIIe siècle, on commença à abandonner la fabrication de ces vases de terre noire dits de « bucchero-nero », qu'on a trouvés en grand nombre dans les tombes anciennes, et qui sont parmi les œuvres les plus intéressantes de la céramique antique.

La poterie qui jouissait sous l'empire d'une grande faveur en Italie, est la poterie fine de terre rouge vernissée, qu'on semble avoir d'abord fabriquée à Arezzo, et qui eut une telle vogue, qu'on retrouve des spécimens de cette fabrication dans toutes les fouilles faites à l'emplacement de villes romaines, soit en Italie, soit en Gaule.

Ce sont les terres cuites que l'on désigne à tort sous le nom de *poteries samiennes*. Elles étaient fabriquées dans des moules dont les reliefs sont si délicats qu'on a pu croire qu'ils étaient obtenus par surmoulage des vases de métal.

En résumé, l'art romain s'est montré au moins égal, et souvent supérieur aux arts de l'antiquité pour tout ce qui touche aux travaux utilitaires, et si la forme n'a que rarement la pureté qui caractérise toutes les œuvres de l'art grec, elle est en général bien appropriée à la destination de l'objet.

Les objets mobiliers manquent cependant de ce charme d'intimité qui rend si séduisants tous les menus objets découverts dans les tombeaux soit en Egypte, soit en Grèce. On sent que l'art n'a pas de racines bien profondes dans ce pays d'administrateurs et de soldats. Sous l'empire, il n'est qu'un moyen de gouvernement, et c'est précisément par là qu'il est conduit à créer des ouvrages vraiment grandioses : amphithéâtres, théâtres, thermes, ponts ou aqueducs, dont quelques-uns, les thermes, par exemple, n'ont peut-être jamais eu plus d'intérêt que depuis qu'ils sont dépouillés de leur décor d'applique.

Peut-être, d'ailleurs, l'art romain, ou plutôt l'art de l'empire romain, est-il surtout intéressant à étudier dans les provinces telles que la Gaule, la Grèce ou l'Asie Mineure, où l'abondance de beaux matériaux calcaires, et surtout le maintien des traditions d'arts antérieurs, avaient fait obstacle au goût italien pour les placages, goût explicable peut-être par la rareté des beaux matériaux lapidaires, et par l'emploi du marbre, qu'on ne pouvait guère utiliser qu'en revêtements pour des constructions aussi colossales que celles de la Rome impériale.

Particulièrement, dans la Gaule romaine, soit que l'art grec n'eût jamais cessé d'y exercer son influence, soit que le génie même de notre race sût transformer, en se les appropriant, les éléments d'art asiatique reçus par l'entremise des Romains, le décor, ainsi qu'on le constate sur les sculptures ornementales, s'écartait peu à peu du type italien, et c'est par transitions insensibles, dont on peut suivre les traces sur les monuments, que l'art gréco-oriental se substituait à l'art gallo-romain.

La liberté artistique dont jouissaient les provinces lointaines, et notamment l'Asie occidentale, avait contribué à la formation de cet art qui, sous le nom d'art byzantin, fut, par excellence, l'art chrétien d'Orient, et qui se développa sur les rives du Bosphore, dans la ville de Constantin, au moment où disparut l'art de la Rome impériale sous l'assaut de ceux que les Romains appelaient les Barbares, et qui portaient en Occident les éléments d'une civilisation nouvelle.

Fig. 175. — Hercule enfant étouffant des serpents.
Patère du Trésor d'Hildesheim.

G. de Malherbe, imp., 12, passage des Favorites, Paris (XVe)

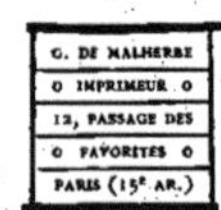
G. DE MALHERBE
IMPRIMEUR
12, PASSAGE DES
FAVORITES
PARIS (15e AR.)

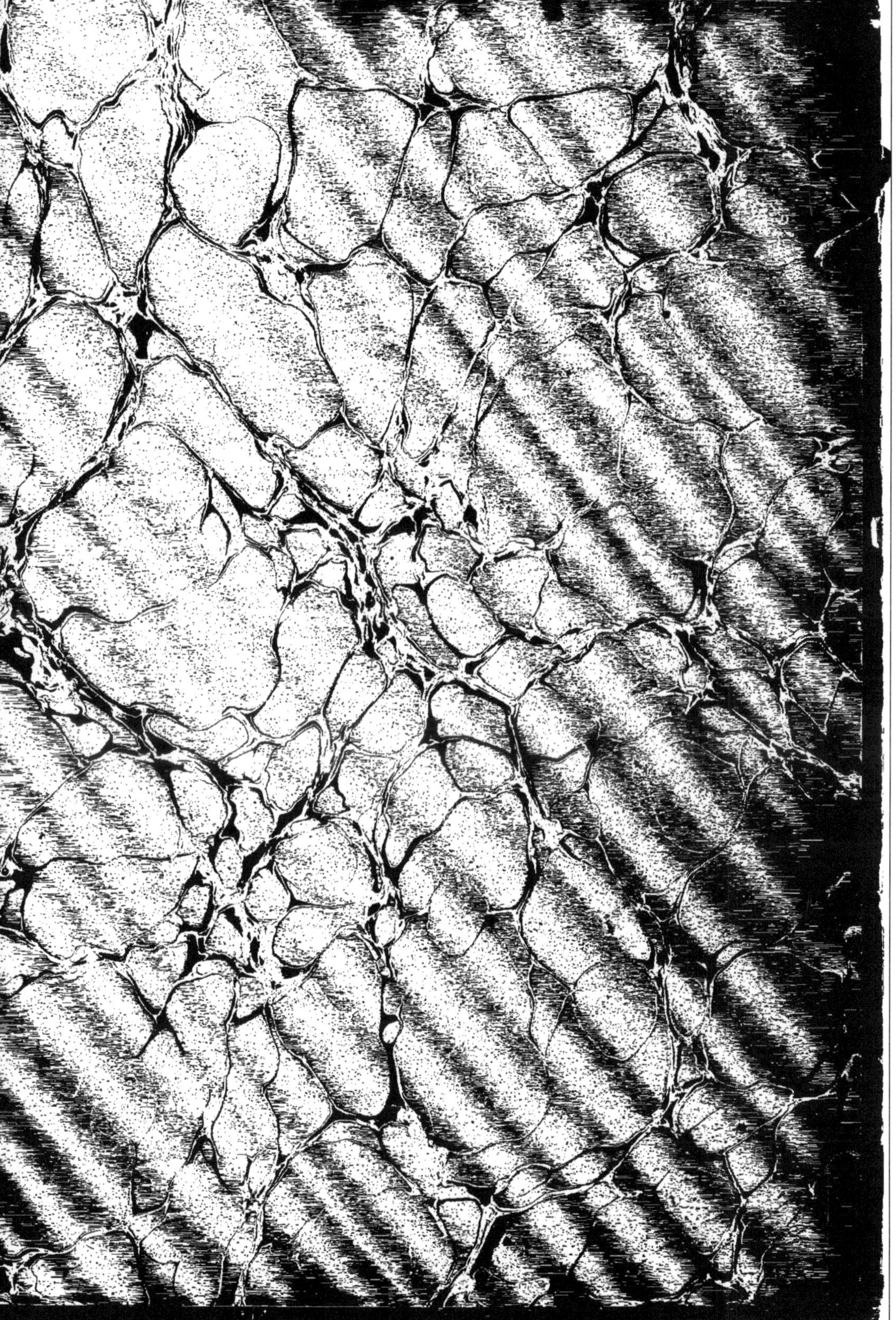

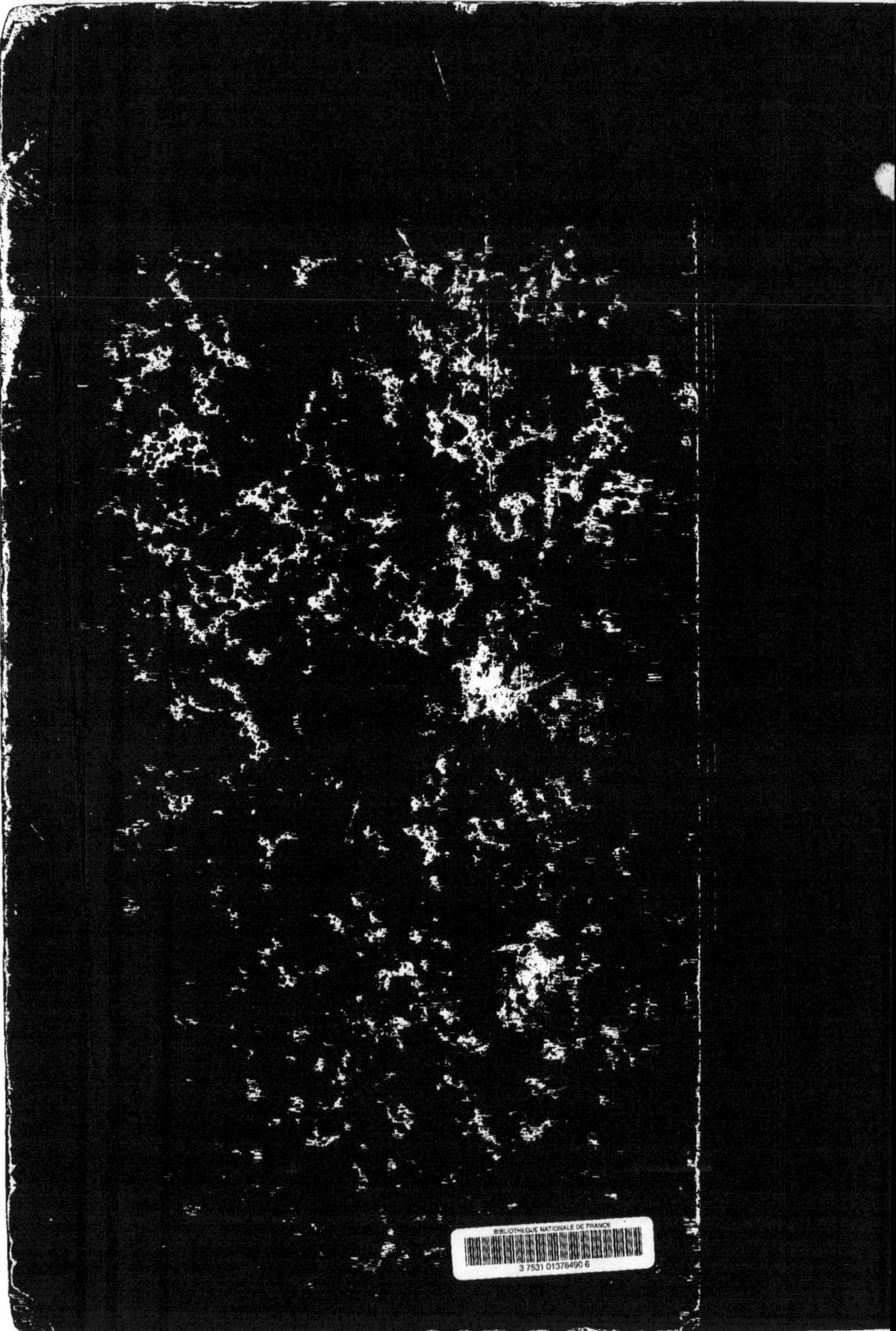

www.ingramcontent.com/pod-product-compliance
Ingram Content Group UK Ltd.
Pitfield, Milton Keynes, MK11 3LW, UK
UKHW020118240726
13926UKWH00011B/2011

9 782013 700016